一句話敲醒世界

120 句讓你恍然大悟的世界名言

劉怡君、簡伊婕◎編著

好讀出版

透過書本活出不同的精采人生

　　現代人與電腦的關係息息相關，藉由電子信件傳播的便利，每個人每天從信箱中接收到的垃圾郵件非常的多。在這些相互傳送的郵件裡頭，有一種名言郵件是比較不討人厭的，多數的人會將它看完再刪除，或者轉寄給朋友，為什麼呢？是因為它總是配上優美好聽的音樂？還是它搭配的迷人背景吸引人的目光？

　　與其說是音樂或背景吸引人，還不如去探究人背後的心理因素。現在的人不喜歡看書，沒時間看書，但是在每個人的潛意識之中都有求知的本能與情感的需求，因此，當類似名言的郵件傳來，人們便能夠透過其中的閱讀與思索得到一些滿足。

　　名言之所以稱為名言，甚至能夠廣為流傳，乃因其內蘊的生命常常具有某種人類共通的情感，因此能行之多年而深受喜愛。網路流傳的名言雖然有其即時與方便性，但卻缺乏來源與延伸性。

　　有鑑於此，筆者將多年來潛心蒐集的名人名言做了一番整理，除了介紹名人的背景，也說明他之所以會說出這句經典名言的原因。而許多知名的文學作品，往往因為篇幅過於冗長，讓許多愛好者卻步不前，相當可惜；於是，筆者試著找出這些文學作品的靈魂，將之介紹給讀者，希望藉由這樣，能讓讀者產生更濃

厚的興趣，進而翻閱原著。那麼，無論是對文學名著或讀者本身，都具有正面的意義。

　　讀書不一定要有目的，但透過閱讀的確可以滿足人們內心深處的某些渴望。遭逢逆境的時候，人總會不由自主地思索起自己存在的意義；生活不就是這樣嗎？讀書、工作、玩樂，再加上生養照護等責任，縱然能夠賺再多的金錢、再如何四處奔波、再怎樣歷經苦難，生命終有它的侷限，一個人終究無法同時活出好幾段不同的人生。

　　人不一定要親身經歷像拿破崙、林肯、富蘭克林那樣驚濤駭浪的人生；人也不盡然要有莎士比亞、海明威、濟慈那樣精湛的文筆，但我們可以藉由閱讀與思考，從名人的話語中覓得人生的某些道理與感受，從而豐富我們的心靈。

　　如果此書的某些篇章能夠觸動讀者內心深處的靈魂，讓讀者的心靈得到某種感動，這便是筆者最大的成就。

劉怡君

（爲〈智者的哲思〉、〈生命的意義〉及〈人生的眞相〉三篇撰文者）

安頓身心的閱讀

　　說起來十分汗顏，我最初並不是因爲對世界名言有興趣而去挖掘它們的。之所以發現世界名言的厲害，其實是從兩件事去進入：閱讀和語言。

　　閱讀可以有很多目的，有時爲了解悶或消遣，有時爲了得到啓發或開示，有時爲了滿足好奇心，當然還有更多的「爲了」，因人而異。我通常不爲獲得啓發而讀書，那樣似乎太工具性了，無法讓閱讀行爲很放鬆。在客廳、飯廳、咖啡廳，在床上、車上、飛機上，這些能使我安頓全身或一大片屁股的地方，都使我感到舒服放鬆，然後不自覺地就會想找本書來讀……。找本一直聽說它叫做「世界名著」的書，來滿足我對「世界名著」的期待。於是，我發現《咆哮山莊》濃烈的愛恨情仇、《悲慘世界》的美好人性光輝、《脂肪球》揭露的人性醜惡……，當然，書裡的關鍵對白或鋪陳語句，便成了久久難忘的吉光片羽，讓人想好好珍藏，這是我對世界名言的初體驗。

　　至於我又是如何從語言經驗與世界名言搭上線？那要感謝許多用心的出版社。它們出版了很多中英文對照的故事、名言佳句集，讓人在學習語言的同時，還能在眼底、心底記下有意思的句子，讓語言的學習不再枯燥，而能加深深度，跨到另一個時空裡的文本去，讓人揣想文本裡的人物爲何能說出這樣感人或驚人的

話，然後更沒完沒了的事情便發生了……，這本書的一句名言佳語，是我進入另一本書的鑰匙，而那把鑰匙又帶領我開啟另一扇門，走向另一本書。

說真的，閱讀真是件沒完沒了的事，讓人上癮。網際網路固然大大改變人們的生活，但紙本平面的閱讀仍舊不死不滅。書本甚至能與網路相輔相成，繼續讓人上閱讀的癮。例如，今天讀了某某作家的書，非常驚豔，便立刻上網，先是查看居所附近的圖書館是否購入館藏，若沒有，那也要一鼓作氣連至網路書店買到書才罷休。

從沒想過，自己有足夠能耐，能幫忙整理、消化這樣一本有關「世界名言」的書。因為每個人閱讀時得來的體會，和他個人的生活經驗有很大的關係，而且每個人領會的「智慧」也都不同。在此，十分希望藉著不揣鄙陋的書寫，能引起讀者對任何一則名言背後故事的興趣，進而找出原書來閱讀，發現屬於您的「智慧」。

簡伊婕（為〈人性的探索〉該篇撰文者）

一句話敲醒世界

目錄　CONTENTS

壹、智者的哲思

貳、生命的意義

參、人生的真相

肆、人性的探索

【編按】以上目錄列出的名言多爲精簡版本，完整名言以各篇內文爲準。

智者的哲思

The things I want to know are in books. My best friend is the man who'll get me a book I haven't read. ～ Abraham Lincoln

01

> 我想追求的知識，全部都在書裡頭。如果有人能為我找來我未曾看過的書，那他將是我最知心的朋友。

——林肯（美國總統，1809-1865）

美國第十六任總統林肯出生於肯塔基州，七歲時他的父親去世，為了生存，林肯曾到農場工作過，也當過木工學徒，因此，他自小便養成一種獨立自主的性格。

林肯曾經在自己的履歷表填上「學歷不全」的字樣，因為自小家境清寒，父親無法讓他接受完整的教育，因此，回顧他這一生受正式教育的時間，大約只有十二個月而已。

林肯靠著自學苦讀，於二十七歲那年通過律師考試，成為一名律師。一八四三年他當選為聯邦眾議員，主張用溫和的方式廢除奴隸制度。

一八六〇年五月，林肯當選美國第十六任總統。為什麼一個受教育時間不長的人，能夠當上美國的最高領袖？這完全得自於他「愛閱讀」的習慣。他非常喜歡看書，言談之中也常引用書中的知識，因此能夠自我提昇，一步步邁入法律界、政治界與國會的殿堂。

一八六一年四月，南北戰爭開打，這是美國開國以來最大的

一場內戰，死傷人數慘烈。林肯以堅定的信念，帶領著北方聯邦政府，四年之後贏得最後的勝利。數百萬的黑奴獲得了自由，國家的分裂終歸於統一。

戰後林肯發表聲明，對於南方脫離聯邦的各個州，民眾要以包容接納來取代暴力，並且屏棄報復與仇恨，齊心建設因戰亂而傷痕累累的國家。

為何林肯能夠擁有這般寬闊的襟懷與遠見？從他求取知識的熱忱，大約便能窺知一二。

智慧小語

「盡信書不如無書」，但若書讀得不夠多，又怎能領略出其中的優劣與深度？

名人軼事

被美國歷史學家評論為「最偉大的總統」的林肯，其實相當平實而幽默。

一日，處理完公事之後，他彎下腰來擦起自己的鞋子。

一位部屬看見了，害怕別人瞧見有失林肯總統的身份，於是驚訝地說道：「總統先生，您怎會擦起自己的鞋子呢？」

怎知林肯只是淡淡地回答：「那你覺得我應該擦誰的鞋子呀？」

02

> 他們只顧説話，無暇深思。

> ——馬修‧普賴爾（英國詩人與外交家，1664-1721）

馬修‧普賴爾為英國知名的詩人與外交家，他出生於倫敦，父親為一名木匠，家境並不富裕；因此，馬修‧普賴爾曾經輟學一段時間。當時，他的父親突然過世，他被迫離開學校到親戚家幫忙買賣葡萄酒的生意。

一日，多塞特伯爵發覺馬修‧普賴爾的文學天份，對他相當地賞識，因此出資讓他復學。馬修‧普賴爾在求學階段便已經開始從事創作，與好友一同寫成的諷刺作品打開了他的知名度。

劍橋大學畢業之後，馬修‧普賴爾擔任過英國駐海牙的大使館職員，過了一段悠閒的海外歲月。一六九七年他被調回倫敦，次年派任駐法國大使館的祕書；之後又做過議員、大使等工作。

因為政治理念的差異，馬修‧普賴爾被對手關進監獄，出獄之後，靠著朋友的幫忙出版了一本詩集。晚年，他用賣書的錢和朋友的捐款，在艾塞克斯郡買下霍爾莊園，於此終老一生。

「說話」是一門相當有趣的學問，說得太多，怕人家識破你的膚淺；說得太少，又怕人家當你傻子一個。說穿了，「說話」莫不就是藉機展現自己的一個利器。

大學時曾經選修過一堂「文學與電影」的課程，期末的功課

就是每組拍出一部電影，不限主題、不限內容，越有創意越好。我們這一組開會開得比別人勤，總是把細節規劃到最完美才開始進行拍攝。最後，拍出來的成果也獲得其他各組的好評。可惜呀——在課堂分享的時候，有人過度興奮、嘰哩呱啦之中竟說出「原來拍電影沒有想像中的困難」。唉呀！這一席話讓老師否定了我們的努力與用心。結果，成績並不如預期。

所以有人說，說得少總比說得多好，因為說得少較有時間觀察與思考，喋喋不休的人鮮少有機會察覺對方話中的意涵，所謂言多必失就是這個意思。

智慧小語

「愛說話」與「善於說話」可是不同的喔！它們分別代表著「噪音」與「智慧」。

名人軼事

馬修·普賴爾善於描寫幽默輕鬆的作品，他的許多諷刺詩深受讀者的歡迎。據說，他在劍橋大學就讀期間有天去朋友喬治家作客，朋友的母親藉機問他：「喬治是不是經常喝醉呢？」

「嗯，夫人⋯⋯關於這個問題我實在無法回答您。因為我總是在喬治喝醉之前先醉了呀！」馬修·普賴爾如此回答。除了凸顯出他的幽默感，更間接化解了好友的尷尬。

03

> 我思故我在。
>
> ——笛卡兒（法國哲學家、數學家與科學家，1596-1650）

笛卡兒被稱為「近代哲學之父」，他出生於法國一個富裕的家庭，父親是一名律師且具議員身份，母親為貴族後裔，但母親在他出生不久之後便染上肺病死了。可能是受母親的影響，笛卡兒的身體也不好，時常乾咳。

因為家境富裕，笛卡兒從小接受良好的教育，在學校的成績也很好。二十歲時即從普瓦捷大學法學院畢業，拿到法學學士的學位，之後更拿到碩士學位。但他並未走進律師的行業，而是整裝行囊出發至歐洲各地旅行，親身去探索世界。

笛卡兒在旅行的過程中，不斷地思考「該如何探求真理？」這個問題，他出書說明探求真理的方法，並用自己發明的方法從事各種領域的科學研究。其中，「解析幾何學」即為其重要的科學貢獻。

另外，笛卡兒也說明精神與物質的區別，強調一種貫徹的二元論；他更提出一切自然現象都可用機械原理來解釋的說法，無論是人類或動物，都是在世界機械中運轉的一環。但他的這種機械宇宙觀被某些神學家視作另一種無神論，因此他在當時受到許多抨擊。

笛卡兒認為，探求真理必須先懷疑一切既有的定律，從中去抽絲剝繭尋找解決的方法，靠著一連串形上學的論辨，他證明了自我的存在，也就是「我思故我在」。

人若剔除了思考能力，便如同一具空空的軀殼，對於自身與他人，存在與否並不重要。因此，「思考」便成了人是否有其存在價值的指標。

智慧小語

渾渾噩噩過日子或許比較快樂無壓力，但缺乏了思考力的人生，又該如何知道自我之所以存在的真正意義？

名人軼事

現今於哲學、數學、科學界仍備受推崇的大思想家笛卡兒是怎麼死的？當年，笛卡兒接受瑞典女王克麗斯蒂的邀請，至斯德哥爾摩為女王講授哲學。笛卡兒原本並無興趣，但因為法國駐瑞典大使不斷催促他，加上他想——瑞典女王對於他理論的推行或許能有所幫助。因此，就在嚴寒的冬天來臨時，笛卡兒出發了。

克麗斯蒂女王對笛卡兒非常地友善，但她卻將教授哲學課程的時間排在清晨五點。當地的氣候相當寒冷，加上笛卡兒的身體本來就不好，因此，沒過多久笛卡兒就病倒了；感冒轉變成肺炎，一代哲學大師就這樣離開了人世。

04

　　心智敏捷並不一定是長處，鐘擺的性能不在快
慢，而在於準確。

　　　　　——富蘭克林（美國政治家、科學家，1706-1790）

　　美國第一任總統華盛頓在寫給富蘭克林的信中說道：「因為
慈善事業受到大家敬愛，因為才華卓越受到眾人欽羨，因為愛國
熱忱受到民眾尊敬，你是唯一且當之無愧之人。」一語道出富蘭
克林之所以會被稱為「美國的聖人」的原因。

　　說到富蘭克林，便想到風雨中放風箏證明了「閃電＝電」，
並發明了避雷針的有趣故事。殊不知，富蘭克林除了科學研究之
外，還是一個出色的政治家。他是十八世紀美國啟蒙運動的開創
者，也是美國獨立革命的領導人之一，曾參與《美國獨立宣言》
的起草與修改工作。

　　富蘭克林的父親出生於英國，為了追求自由的生活，於一六
八五年帶著妻兒遷居至波士頓，在這裡開了一家製作蠟燭與香皂
的店舖。富蘭克林是家裡排行最小的兒子，由於家裡人口眾多，
花費很大，因此富蘭克林只上了兩年學校，就回到家裡幫忙製作
蠟燭與香皂。

　　富蘭克林十歲的時候，父親把他送到印刷廠去學習，這是大
富蘭克林九歲的哥哥詹姆士所開的店。照理來說，富蘭克林應該

會受到較好的待遇，但事實卻不然，他不但得和其他工人一樣簽下無給薪的九年學徒合約，還得早晚工作，並聽從老闆的命令。雖說如此，富蘭克林勤奮的態度，讓他很快就學會了排鉛字和操作壓木機的工作，成為哥哥的好幫手。

長大之後，富蘭克林自己開了一家印刷廠，由於當時鎮上已經有其他兩家印刷廠了，因此富蘭克林的印刷廠經營得格外辛苦。夜深了，富蘭克林仍然待在印刷廠專心地工作；天才微微亮，富蘭克林已經打開店舖的門開始工作了。由於富蘭克林秉持著勤奮不懈的工作態度，他所發行的《賓州公報》上市時即一舉打敗其他大報，成為賓州發行數量最多的報紙。

隨著年齡的增加，富蘭克林不但當過州議會祕書和北美郵政總長，在美洲殖民地與英國產生衝突的時候，他還是居中聯繫與溝通者。除了政治上的經歷，富蘭克林還努力地推動公共事業的發展，不但創辦了第一座圖書館，還請求市府設立學校、興辦醫院，獲得眾人的尊敬與愛戴。

八十一歲時，富蘭克林成為賓州州長，並公開支持制憲。一七八九年九月十七日，憲法草案完成，各州代表在富蘭克林的號召下簽名表示同意，這部明文規定的憲法，自此護衛著美國獨立自由的精神。

富蘭克林只上過兩年小學，豐富的學識全靠自修而來，對他來說，認真與努力才是成功的祕訣。因此，無論是己身事業、科學研究與政治權謀，富蘭克林皆以認真的態度去執行。就像他自

己說的：「空無一物的袋子，很難站得起來。」因此他才會認為，頭腦聰明與否與心智運轉速度的快慢並不是成功必然的條件，唯有思考專注，並且在仔細研究之後才決定，這份對於「準確性」的要求才是成功的真正要素。

智慧小語

誰說人不可以同時做多樣事？只要勤勞奮發、做事專心，樣樣事情都有可能成功！

名人軼事

富蘭克林除了腦袋聰明、工作認真，他的文筆也非常好。十五歲時他曾經偷偷地以一個女性的名字投稿到哥哥所辦的報刊，文章刊登出來之後，讀者們覺得他寫的東西既有趣又能反應社會現狀，因此廣受歡迎。之後更一連刊載了數十篇呢！

05

我的字典中，沒有「難」這個字！

——拿破崙（法國將軍、皇帝，1769-1821）

　　一七九六年，年僅二十七歲的拿破崙被派往義大利，負責帶領駐紮在義大利的法國部隊。當時，義大利還是奧國的屬地，奧國軍隊常常經由這個地方進犯法國。拿破崙被任命為遠征義大利的指揮官，他上任之後，一邊重新整頓軍隊，一邊擬定作戰計劃，打算給奧國一點顏色瞧瞧。

　　一日，拿破崙對部屬宣布：「我們要越過阿爾卑斯山，給奧國軍隊來個措手不及。」所有的士兵全都露出無法置信的表情，一面竊竊私語：「什麼！越過阿爾卑斯山？山上正覆蓋著厚厚的白雪，還不時發生雪崩呢！這麼危險，怎麼可能通過啊？」

　　「我的字典中，沒有『難』這個字！」拿破崙堅定地說道：「只要下定決心，沒有一件事情是做不到的。」

　　果然，日後他在義大利贏得的一連串精彩勝利，塑造他的英雄形象，並幫他在前進法國統治階層的路上，打下了深厚的基礎。

　　拿破崙出生前的十五個月，他的故鄉科西嘉島剛被法國所占領。原本將法國視為壓迫者的他，日後竟成了法國的大將軍與統治者，這樣的人生恐怕是年輕時的拿破崙所始料未及的吧！

我們或許沒有拿破崙的雄心壯志，也說不出這樣意氣風發的話語，但他不畏艱難的勇氣倒是值得我們學習的。

智慧小語

有時「難」也是好的，它能讓人心更柔軟，並教會他們以謙沖的襟懷去對待宇宙萬物。

名人軼事

總是在軍事上霸氣十足的拿破崙，卻有一段浪漫的愛情故事。他與約瑟芬的戀情傳聞於世，但他倆究竟是如何相識的呢？

約瑟芬是巴黎社交圈的一位名女人，她的第一任丈夫波阿陸涅子爵被人殺害之後，據說她的朋友們便經常勸她改嫁。一日，經由朋友的口中，她聽到年輕軍官拿破崙的英勇事跡。

於是，約瑟芬要十二歲的兒子前去拜訪拿破崙，託辭拿回已故父親被沒收的寶劍，其實是要藉此製造兩人見面的機會。第二天，約瑟芬前去拜會拿破崙，感謝他歸還丈夫的寶劍；拿破崙見到約瑟芬，立即被她穩健優雅的氣質所吸引。

一七九六年三月，二十七歲的拿破崙娶了年長他近七歲的約瑟芬，為他嚴肅的軍旅生涯帶入一絲浪漫的色彩。

06

想像力比知識重要。

——愛因斯坦（德國物理學家，1879-1955）

　　說到愛因斯坦，一般人便會立刻想到他的「相對論」，他不但是二十世紀最偉大的科學家，也是非常卓越的知識份子。

　　愛因斯坦出生於德國的猶太家庭，從小就喜歡思考，腦袋中隨時充滿著各式各樣的問題，他時時找老師發問，但多數的老師總是嚴肅地禁止他提出各種怪問題，個性好奇的愛因斯坦因此感到上學是一件無聊的事，遲遲無法融入當時填鴨式的教育體制，這讓他中學未畢業便離開了學校。

　　與家人遷居到義大利之後，愛因斯坦曾經投考過瑞士的蘇黎士工業大學，但除了數學成績相當優秀以外，非數理方面的科目成績均不理想。但也由於他優異的數學成績，校長答應他只要他先讀完瑞士中學的課程，就讓他直接進入大學。一年之後，愛因斯坦果然如願進入蘇黎士工業大學。

　　一九○五年，二十六歲的愛因斯坦發表了數篇劃時代的論文，包括〈狹義相對論〉、〈光電效應〉、〈布朗運動〉等，這些論文挑戰了當時社會上既定的流行思想，引起廣泛的討論。日後，愛因斯坦發表的那篇有關光電效應的論文，更為他贏得一九二一年的諾貝爾物理學獎。

　　愛因斯坦最為人稱道的不僅僅是他在科學上的成就而已，他不被既有知識侷限，反覆思考、尋找解決矛盾衝突的研究態度，也是值得人們學習的地方。就因為他不囿於當時盛行的思想，才能在舊有的知識中尋找出更正確的理論。

　　此外，愛因斯坦從小就喜歡看書，他認為唯有全面吸收既有的知識，才能建立起研究學問的基礎，但如要再更上一層，就必須加上自己的想像力。所以，愛因斯坦才會說出「想像力比知識重要」的話語。而豐富的想像力，果然讓他成為世界上最出色的科學家之一。

智慧小語

　　想像力加上知識做基礎，才不會淪為天馬行空，毫無建樹。

名人軼事

　　愛因斯坦經歷過第二次世界大戰，受過德國納粹的迫害；因此，他一生致力於和平的追求。但是，深具毀滅性的原子彈，竟是以他發表於一九○五年的 $E=mc^2$ 公式為基礎而發明的。

　　當初，他建議美國總統羅斯福支持原子彈的研究，用意在於遏止德國納粹的擴張；結果，原子彈卻在日本爆炸，雖然讓第二次世界大戰結束了，卻也造成人類空前的浩劫。這應該是熱愛和平的愛因斯坦當初所始料未及的吧！

07

只管在外表上求人喝采的人，是把自己的幸福
交由別人保管。

——古德史密斯（英國詩人、小說家，的 1730-1774）

英國詩人奧利佛・古德史密斯出生於愛爾蘭，他的父親是一名助理牧師，收入有限，雖然一面從事農作，生活仍顯得拮据。九歲時，古德史密斯染上天花，後來雖然大難不死，臉上卻留下了大量的疤痕，從此他的長相便時常被人拿來取笑。

古德史密斯喜歡四處旅行，性情恬淡。他曾經帶著一支笛子到歐洲各國遊歷，在德國、法國、瑞士與義大利等都留下過足跡。據說，當時他是靠著在鄉村舞會上幫人吹笛子以賺取旅費。

一七七○年，古德史密斯的詩作《荒村》出版，被讀者讚譽為當代最佳的詩作。在他的另一本詩集《旅遊者》中，有一段話也相當有名：勞心者役人，勞力者役於人。

古德史密斯的戲劇作品在戲院上演時，也受到許多人的喜愛。除了詩與戲劇，古德史密斯還創作小說，曾寫過〈輸就是贏〉、〈威爾克菲德的牧師〉等作品。

只要仔細觀察，你會發現有一種人，他老是要周遭的人關注自己的外在表現，聽不見喝采與讚美聲，他就不知道要怎麼過日子。古德史密斯認為，這樣的人是可悲的，因為他把自己的價值

放在別人手中——別人稱讚他，他便開心；別人批評他，他就自我否定。這樣的生活既可怕且空虛。

人是獨立的個體，具有獨特的思想與複雜的思考能力，為什麼要讓自己的人生聽由別人左右？認為別人的肯定比自我肯定更重要的人，想必是極度缺乏自信，才會藉別人來肯定自我。

就像一些年紀輕輕的名牌愛好者，明明沒有足夠的經濟能力，卻要硬著頭皮刷卡買下名貴物品，想藉此來贏得外界的目光與讚美，以為這樣就能提昇自己的身價。其實，人家看到的、讚嘆的是「物品」本身，而非穿戴名牌物品的這個「人」哪！

智慧小語

別人的讚美是一種心靈的棒棒糖，淺嚐幾口就好，千萬別把它當做生活的主要糧食呀！

名人軼事

童年時留在古德史密斯臉上的天花疤痕，讓古德史密斯在成長的路上受到嘲笑。據說，因為他的個子很矮、嘴唇又厚，因此當古德史密斯在文壇上已具有知名度之後，仍然有插畫家把他畫成像一隻猩猩的模樣呢！這可能也是他要大呼「外表不是那麼重要」的原因之一吧！

08

唯有自己才能給予自己本身寧靜。

——愛默生（美國詩人、文學家、哲學家，1803-1882）

林肯稱愛默生為「美國信仰的先知」，從中可看出他在美國文壇的地位。愛默生出生於一個貧困的家庭，父親是一位牧師，在他八歲時便已過世，因此，愛默生在母親的教養下成長。

愛默生是十九世紀時美國重要的哲學家，他倡導自然哲學，肯定個人人性之尊嚴，他認為每一個人都有其存在的必要。在愛默生的觀念裡，每一個人都是偉大的，他說：無論是工人、商人、農夫、教師、詩人、政客……等，在其各自的工作領域，都有其不同的重要性。因此，每一個人都應該要善用己身的稟賦，把自己的力量全部發揮出來才行。

另外，人除了要對自己懷抱自信，還要懂得付諸行動，這就是愛默生所倡導的行動哲學。他曾經說過：「光有好的思想卻不付諸行動，就只等同於一個好夢罷了。」

愛默生也提出「人生應該要快樂地活著」的想法。他要人們拋卻一切的煩惱與憂鬱，以開朗的心去品嚐生命中的喜怒哀樂，這樣才能真正體會出生命的樂趣。愛默生還喜歡親近大自然，因為他認為多接近大自然、與天地鳥獸為伍，能使人獲得真正的善和美。

　　人常常抱怨外界的人、事、物帶給自己許多的壓力，遇到事情時只曉得退縮、把責任推給別人。結果事情不但沒解決，反而帶來更多的苦惱與人事紛爭。因此，愛默生的這句「唯有自己才能給予自己本身寧靜」倒是很好的人生指標，凡事唯有勇敢面對、承擔責任，儘管問題未必能夠得到百分百的解決，但起碼內心緊張的情緒能夠得到適度的紓解。

智慧小語

　　生命是自己的，情緒也只能由自己來感受，經常與自己的「心」對話，讓它更柔軟一些，便能從容面對外界的風風雨雨。

名人軼事

　　愛默生除了是一位傑出的散文家與哲學家，他還是一位人道主義關懷者。當美國南北戰爭開打之前，他便曾經在公開的演講場合中，極力主張廢除奴隸制度。當時，參與演講的在場人士莫不為他捏把冷汗，因為當時的波士頓上流社會，仍以支持維持奴隸制度的人居多。

　　南北戰爭開打之際，他挺身支持林肯解放黑奴的理念，並稱讚林肯為「美國自由的保護者」。這就是為什麼林肯會大聲地讚揚愛默生為「美國信仰的先知」吧！

09

> 知道一切做不好的方法之後，我才知道做好一件工作的方法是什麼。

> ——愛迪生（美國發明家，1847-1931）

愛迪生出生於美國俄亥俄州的米蘭城，僅受過六個月的正規學校教育，他的老師還曾經以為他是一個有智力發展障礙的學生。十一歲時，愛迪生的聽力也出現問題，使他幾乎聽不到外界的聲音。出乎意料地，愛迪生日後竟成為一位偉大的發明家，發表了一千兩百多種專利物品。

愛迪生很早便創立了一個研究機構，他僱用許多助手來幫助自己從事各種實驗，最為人所知的發明就是白熾燈。愛迪生用自己發明的電燈與電力系統相結合，使所有的普通百姓都能夠使用，具有極大的流通性。他的這項發明花了多少時間來進行研究呢？據說光是筆記就有兩百多冊，實驗過上千次，這樣的努力可不是一般人能夠做到的。

另外，愛迪生發明鹼性蓄電池之前也實驗過五萬多次；而看似簡單的油印蠟紙也經過兩千多次的實驗；口述記錄機、擴音器、留聲機……，每種發明在申請專利之前，莫不進行過多次反覆的實驗。他說：「上帝留給人類問題，一定也準備了解答。如果你我無法解答出來，那只能責怪自己愚蠢，不能埋怨上帝創造

了一些無法解決的問題。」

　　因此，愛迪生說過的另一句名言——「天才是一分靈感加上九十九分的努力」——倒頗能表現他自己的人生態度。

智慧小語

　　行動總比空想好，因為就算是失敗了，最起碼能夠得到一個「失敗的結果」，然後從中去反省改進；倘若怕失敗而不去做，就連一個「失敗的經驗」也沒能得到，遑論再向前一步？

10

只要我們能夠善用時間，就常會有充裕的時間。

——歌德（德國詩人、文學家，1749-1832）

歌德是德國的偉大詩人與文學家，他出生於德國美茵河畔的法蘭克福。父親是一位教養深厚的法學博士，為皇帝卡爾七世的皇家顧問。母親則為法蘭克福市長的女兒，爽朗幽默、想像力豐富，對歌德文學興趣的養成有很深的影響。

歌德在父母親的栽培下，學習語言、藝術、自然科學、法律……等等多方面的知識。他從很小的時候就開始寫作，二十六歲時發表書信體小說《少年維特的煩惱》，從此聲名大噪，躋身文壇，成為浪漫主義的先驅。這部作品的價值，在於透過故事的本身描寫了當時社會上的種種，也反映了當時德國知識份子的精神苦悶。

《少年維特的煩惱》的成功，讓歌德得到如日中天的名聲，當時許多年輕人競相模仿維特的穿著與說話方式，甚至有一些激進者學習維特舉槍自盡。這股風潮引發舊階層與宗教人士的撻伐，但無可否定地，《少年維特的煩惱》也是將德國文學推上國際的一本書，因為此書不但在德國本身受到歡迎，也流傳到全世界，至今仍擁有許多讀者。

　　歌德一生創作無數：抒情詩、歷史劇、小說、劇本……等等，其中，詩劇《浮士德》更是歌德耗費了將近六十年（1773-1832）的時間才完成定稿的作品，爲德國文學最崇高之作。

　　席勒是歌德生命中最重要的朋友，兩人相知相惜、互相激勵，在一七九四至一八○五年長達十年的時間裡，兩人勤奮不懈地努力創作，各自完成了許多重要的作品，使當時的德國文學達到前所未有的高峰。

　　爲什麼歌德能夠有如此卓越的文學成就？他所說的「善用時間」的想法，應該能提供創作者一點兒線索。

智慧小語

　　每個人都說自己好忙好忙，忙得沒有時間做自己喜歡做的事，那麼，何不把向人吐苦水的那一丁點兒時間節省起來，相信就可以慢慢地去完成自己想做的事囉！

名人軼事

　　歌德的戀愛史如同他的文學作品一樣精彩，《少年維特的煩惱》裡的女主角，其實就是他年輕時的愛戀對象夏綠蒂的縮影；這段戀情因為夏綠蒂已有婚約而留下遺憾。

　　之後與美麗迷人的大銀行家女兒麗麗的戀情也因為家世懸殊而告終。至於伯爵夫人對他的關愛，也因歌德無法忍受心中失去自由的不悅感，而使這段維持了十多年的依戀關係結束。

　　到了歌德年近四十歲的時候，他生命中的真命天女克莉斯蒂安娜出現了。雖然她長得並不是十分漂亮，家境也不富有，但她年輕熱情充滿笑容的活力深深吸引著歌德。因為身份差異過大，兩人的戀情並不被上流社會人士所接受，因此兩人同居了近二十年才終於步入禮堂。結婚時他倆所生的兒子也跟在身邊給予爸媽祝福呢！

11

情緒糟透了，就什麼也做不成了！

——喬治‧桑《魔沼》（法國作家，1804-1876）

　　喬治‧桑是十九世紀活躍於法國文壇的作家，她和現實主義大師巴爾扎克、繪畫大師德拉克洛瓦、雨果、福婁拜、左拉……等等藝術家與文學家過從甚密，她崇尚自由，追求創作上的獨立自主，在忽略婦女地位的時代，不但展現出強烈的自我風格，更創作了許多部讓人印象深刻的作品。

　　《魔沼》是喬治‧桑所創作的眾多田園小說之一，故事內容敘述鰥夫日爾曼與農村小姑娘之間的純真情愫。鰥夫原欲到村子裡去相親，為三個孩子尋覓適合的新母親，但一位與之同行的小姑娘瑪麗，卻在路途中擄獲了他的心。

　　瑪麗單純善良，當她見到日爾曼為迷路與逃走的馬兒煩惱不已時，便輕聲地安慰他，一邊陪他生起火堆保暖；接著，瑪麗把日爾曼的么兒安置在乾樹枝築成的小床上，並把自己的披巾蓋在孩子身上；她坐下來，靠在孩子身邊，為他擋去火堆噴出的點點星火。

　　日爾曼對她說：「妳真是個聰明的姑娘。剛才我一籌莫展，情緒糟糕極了！」瑪麗於是回答：「情緒糟透了，就什麼也做不成了！」

的確，情緒會影響一個人的工作效能與判斷力。平常處理起來總是得心應手的事情，卻因為今天心情太差，怎麼做也做不好。以往害怕、常常出錯的事情，因為心情很好，終能順利地完成。每個人應該都有過這樣的經驗，因此，如何去控管自己的情緒，就成了很重要的生活課題。

智慧小語

　　正因為人心難駕馭，才有那麼多精彩的發明和膾炙人口的作品產生！

12

智慧是不能言傳的。一個有智慧的人試圖傳達
的智慧，一旦自其口中說出，聽起來總覺得很愚
蠢。

——赫曼・赫塞《流浪者之歌》（德國文學家、詩人，1877-1962）

《流浪者之歌》是諾貝爾文學獎得主赫曼・赫塞的作品，作
者融合了東西方的思想，於此書中探究人類性靈與宇宙萬物眾生
平等的大愛思想。

故事內容敘述一位名叫悉達多的婆羅門之子，從小在眾人的
寵愛之中成長，但他的內心卻感到不快樂，他懷疑婆羅門的教義
無法提供他內心平靜的元素，因此他離開家人，過著苦行者的生
活。

三年中，悉達多承受各種肉體的痛苦——飢餓、乾渴、疲
倦、刺痛，學習克己功夫和沉思默想。他以為，變得空虛就能讓
心中不再有「我」，就能讓心靈得到平靜。一天，悉達多發現自
己一直在探究事物背後的真相，其實真相就存在於宇宙萬物之
中。

於是他放棄苦修，淪入世俗紅塵中去體驗生存的喜悅。但他
仍然失望了，他依究無法找到心靈的平靜。他再度離開，在擺渡
者的身邊學習擺渡與傾聽河流的聲音，漸漸地，他聽見了自己內

心的聲音，體悟到宇宙萬物、生與死同匯為一流的統一思想，他更明白了每個人生的不可磨滅性，每個時刻都是永恆。

「智慧是不能言傳的。一個有智慧的人試圖傳達的智慧，一旦自其口中說出，聽起來總覺得很愚蠢。」這句話是悉達多在回答一位摯友的問題時說出的。他認為知識可以傳授，智慧卻不行，一個人唯有透過自己的領悟，才能夠發現智慧、實踐智慧，並用智慧來強化自我信念。

智慧小語

　　「好為人師」是人類的天性，不過照赫塞的說法，這說出來的都僅僅是「知識」，想要讓它變成「智慧」，就有賴於聽者自我內化的過程了。

13

東西自有它的生命，只要喚醒它們的靈魂就行
了。

——馬奎斯《百年孤寂》（哥倫比亞作家， 1928- ）

馬奎斯的《百年孤寂》是西班牙語系文學「魔幻寫實」主義
中最出神入化的代表作品。內容敘述哥倫比亞的一個小村鎮，從
建立、發展直到毀滅的歷程，作者以魔幻寫實的手法，描寫一個
叫作邦迪亞家族六代人物的興衰史，道盡了人生的各種悲歡離
合、生命的孤寂與虛幻，爲拉丁美洲社會變遷的縮影。

家族的創立者老邦迪亞是一個富於想像力的人物，他勇敢且
富冒險性格，爲了尋找夢想中的理想居住地，率領家人與夥伴翻
山越嶺，抵達一處沼澤地，在此建立家園，取名馬康多。

初建立的馬康多是一個小村子，全村只有二十棟磚房，沿著
河岸興建。每年三月，一隊吉普賽人會來到村子紮營，帶來一些
有趣的東西展示給村民欣賞。邦迪亞對於這些新奇的玩藝兒總感
到強烈的好奇心，有一次，吉普賽人帶來兩塊金屬板，能夠吸出
村民們丟失已久的金屬類製品。吉普賽人向村民解釋：「東西自
有它的生命，只要喚醒它們的靈魂就行了。」邦迪亞爲這金屬著
迷，竟用一匹騾子和兩隻山羊與吉普賽人交換，就此展開了他日
後一連串的實驗，而這就是邦迪亞家族魔幻生涯的起點。

姑且不論作者是否想藉由吉普賽人的出場，暗喻馬康多對現代文明的無知。當中吉普賽人所說的這段話便頗令人玩味，宇宙萬物皆有其存在的意義，而它的價值端視於人類對待它的態度。

智慧小語

　　以謙虛的心去看待宇宙萬物，生命便能充滿善意與美好。

14

　　你的快樂就是揭開你面具時的悲傷；你歡笑中
升起的水井，往往裝滿著你的眼淚。

　　　　——紀伯倫《先知》（黎巴嫩詩人、散文家及畫家， 1883-1931）

　　紀伯倫是阿拉伯近代文學史上第一個使用散文詩體裁的作家，《先知》為其代表作。書中主角為一位即將搭船回去東方故鄉的智者，臨走之前為愛戴他的城民們留下贈言。包含了愛、婚姻、孩子、飲食、工作、快樂與悲傷，罪與罰、自由、教育、時間……等等一系列人生課題，充滿哲理，具有濃厚的東方色彩。

　　這段話即出自《先知》中的〈快樂與悲傷〉一章。一位婦人對智者說：「請您跟我們談一談快樂與悲傷吧！」智者回答：「你的快樂就是揭開你面具時的悲傷；你歡笑中升起的水井，往往裝滿著你的眼淚。」

　　接下來智者又說：「悲傷在你的心中刻劃得越深，你就越能夠擁抱更多的快樂。快樂的時候，請探視你的內心，你會發現那曾經令你悲傷的，也就是現在讓你快樂的。悲傷的時候，也探視你的內心吧！你便能明白，讓你哭泣的，也就是曾經令你快樂的。」

　　悲傷與快樂其實是一體兩面，就如同中國成語「塞翁失馬，焉知非福」的故事，老翁從一匹馬的得與失，說明得到與失去的

一體兩面。當你爲了一件事情感到快樂，很可能這件事情日後也
會讓你悲傷，舉例來說：戀愛時甜甜蜜蜜，感到莫大的喜悅；有
一天分手了，戀愛這件事就變成悲傷的記憶了。

智慧小語

　　管他快樂或悲傷，人生就是要盡情地體驗——快樂時大聲
笑！悲傷時放聲哭！才不枉走這一遭。

15

不知道應該怎麼做時，就什麼也不要做。

——英格蘭諺語

人不是萬能的，不可能解決所有的問題。有些問題需要時間慢慢醞釀答案，時候到了自然有解決的辦法；有些問題需要集思廣益，結合眾人的力量才能解決；有些問題個人能夠應付；有些，則讓人茫無頭緒、不知道應該從何處著手。這時，適度地停下來思考，先「什麼也不要做」是必要的，以免做錯了再來後悔，因為「一知半解最危險」。更糟的是，有些事如果做錯了，就不再有更正的機會。

英國名政論家麥金托士爵士（Sir James Mackintosh）相當同意這句古英格蘭的諺語，他認為「不知道應該怎麼做時，就什麼也不要做」是一種相當聰明而巧妙的作法。因為這種「不做」是為了避免急就章、匆促中犯下錯誤的最好方式。俗話說：「慢而穩，賽必勝」、「少說少錯」、「三思而後行」……約略都有這樣的意思。

同樣出生於英格蘭的偉大科學家牛頓，在臨死前留下這樣的一句話：「要是說我比笛卡兒看得遠一點，那是因為我是站在巨人們肩上的緣故。」除了顯示其謙虛的態度，也說明了處世的另一種態度——先從前人的努力中汲取養分，轉化為自我的營養，

然後再從中去創造出更有益於後人的養分。因此，適度地停下腳步，參考別人的優點，三思過後才去行動，都是做事必要的方法。

愛默生也說：「思想是行動的種子。」可惜的是，人往往會因為習慣、壓力與個性急躁，遇上問題的時候根本未經深思，就想要在第一時間馬上將事情解決，抱著「管他的，先試了再說」的心態，匆促做出決定，結果往往適得其反，事後反而要花更多的時間來彌補錯誤。

唉，原先的事情還沒解決呢！平白無故又添上了一件。更糟的是，這樣急躁的態度很容易變成他人利用的工具，誠如海涅所言：「行動者是思想者的工具。」還是做個行動與思想兼具的人比較好。

智慧小語

「不做」不代表放棄，而是讓思緒沉澱，找出最理想的解決方法。

16

美麗的事物是永恆的喜悅。

——濟慈〈恩狄米昂〉（英國詩人，1795-1821）

濟慈是一位才華洋溢的英國詩人，但也是英國文學史上壽命極短的天才詩人之一。他出生於倫敦，父親經營一家馬車行，但因為酗酒從馬上墜落而亡；當時濟慈年僅八歲。

母親改嫁離婚之後，所有財產都被繼父奪走，因此濟慈從小便過著貧困的生活，而這可能也是他虛弱早逝的原因之一。

〈恩狄米昂〉（Endymion）是濟慈於一八一七年寫的長詩，共有四千多行，描述一位名叫恩狄米昂的年輕人出發尋找月神黛安娜的故事。他在夢中愛上美麗的辛西亞，決定前去尋找她。途中他遇見一個被酒神信徒遺棄的印度女僕，他與女僕發生關係之後，看似遺忘了辛西亞，但其實辛西亞與印度女僕都是月神黛安娜的化身。最後，月神在他面前現出自己的真實模樣。

濟慈藉由詩篇探討永恆之美與短暫的美，月神代表不朽之美，印度女僕展現的則是瞬間即逝的美麗。「美麗的事物是永恆的喜悅」（A thing of beauty is a joy forever.）即出自此詩第一行。

濟慈認為，將人類的感官與所有一切美麗的事物結合，就能夠得到快樂；因為美麗的事物與大自然是消除內心沮喪的最好良藥，雖然它們終有一日會消失，但它們為人類帶來的喜悅將會變

成記憶，並常存於人們心中。

　　一花一世界，宇宙萬物之中存在著無限美好的事物，試著讓自己貼近它、用心去體會，好好收藏那不朽的永恆喜悅吧！

智慧小語

　　心情極度沮喪時，請把藏在心底的記憶簿拿出來翻一翻，也許就能舒一口氣——啊！還好我生命中有過那麼多的美好。

名人軼事

　　深受拜倫與雪萊推崇的濟慈是什麼樣的人呢？他才華橫溢，但身體不好，十四歲時就曾經肺部出血。雖然他對創作滿懷熱情，但其實他年輕時所學的卻是如何成為一位外科醫師。

　　十五歲時，濟慈的監護人把他送到一位外科醫生的身邊當學徒；四年之後，再進入蓋氏醫院成為一位外科主治醫生的助手。一八一六年，濟慈通過醫生考試，但他並沒有走入醫界，而是追隨自己內心的聲音，成為一位出色的詩人。

　　可惜的是，濟慈只活了二十五年，臨死前他的內心想必帶著無限的遺憾，從他留下的墓誌銘中我們可以窺知一二：

Here lies one

Whose name was writ in water.

此地長眠著一個人，

他的名字寫在水中。

17

> 如果想安慰一個人，卻又不明白他痛苦的原
> 因，那是很難的。
>
> ——小仲馬《茶花女》（法國小說家、戲劇家，1824-1895）

小仲馬與父親大仲馬同樣為十九世紀法國著名的作家。因為父親的影響，小仲馬提筆創作，期待自己能像父親那樣揚名於文壇。他所寫的《茶花女》發表後大受歡迎，為他達成了心願。

《茶花女》描寫一位名叫瑪格麗特的高級妓女，與一位年輕人亞蒙之間的愛情故事。亞蒙愛上在風月場所中打滾多年的名妓瑪格麗特，因為本身的財力不足以供給瑪格麗特龐大的開銷，因此他經常必須滿懷醋意地忍受其他尋歡客來親近瑪格麗特。

一日，深受亞蒙單純的愛情所感動的瑪格麗特決定遷居巴黎郊外，她說服一位有錢的公爵，為她準備了一棟鄉間別墅作為靜養之處。其實，她真正的目的是希望能夠時時刻刻地與愛人亞蒙相守。兩人在鄉間度過四、五個月甜蜜的日子。公爵發現之後大為震怒，他要瑪格麗特離開亞蒙，否則便切斷她的經濟來源。

為了愛情，瑪格麗特不惜得罪公爵，並且變賣掉所有的首飾、馬匹，只求與亞蒙相守。但現實畢竟是殘酷的，無論兩人多麼相愛，外力的阻礙卻不斷出現。最後，亞蒙的父親以「為亞蒙的前途著想」這番說辭，成功說服瑪格麗特離開亞蒙。

亞蒙誤以爲瑪格麗特的離開是爲了重回昔日的奢華生活，他在生氣、傷心和絕望之中離開了巴黎。後來兩人雖然有過短暫的相逢，終在誤解中分手。瑪格麗特臨死之前在信件中對亞蒙吐露心聲，亞蒙匆忙趕回巴黎，但一切已經來不及了。亞蒙曾經送給瑪格麗特一本書，此書於拍賣會中賣出，亞蒙找到買得此書的男子。男子慷慨地把書還給亞蒙，但見他痛苦的模樣，卻又不知道該如何安慰他，於是心中產生「如果想安慰一個人，卻又不明白他痛苦的原因，那是很難的」這樣的想法。

　　因此，想要安慰一個人，就先要了解他痛苦的原因所在，因爲就算無法幫他解決問題，起碼可以扮演聆聽者的角色，給予適度的關心。

智慧小語

　　什麼都不知道，靜靜地陪在心靈受傷者的身邊，這行爲看似消極，其實也默默地撫慰了傷者。

18

> 所以不要為明天憂慮；因為明天自有明天的憂慮，一天的難處一天當就夠了。
>
> ——引自馬太福音

馬太福音是新約聖經的第一卷書，為四福音書之一。全書共有二十八章，一千一百六十八節；內容記載著耶穌生平的事蹟。

《馬太福音》又稱《瑪竇福音》，據說它的作者是耶穌十二門徒中的瑪竇，以希伯來語解釋，瑪竇有「主的賞賜」之意。瑪竇引用了舊約聖經中約七十處的經文，人們將之稱為「聖經證據」。上述這句話即引自書中第六章第三十四節，為耶穌告訴門徒們在世上應持有的生活準則。

在《馬太福音》第六章中，耶穌重申了使徒的使命，還有祂的應許及勉勵。如「你們要小心，不可將善事行在人的面前，故意叫他們看見；若是這樣，就不能得你們天父的賞賜了」、「要叫你施捨的事行在暗中，你父在暗中察看，必然報答你」、「你們饒恕人的過犯，你們的天父必也饒恕你們的過犯」……等。

又如「眼睛就是身上的燈，你的眼睛若明亮，全身就光明」、「……不要為生命憂慮吃什麼、喝什麼；為身體憂慮穿什麼。生命不勝於飲食嗎？身體不勝於衣裳嗎？」之後更舉飛鳥與百合之例來證明憂慮吃穿的無意義。

「不要為明天憂慮，因為明天自有明天的憂慮。」這句話的意思就在勸導人們不要成天憂慮吃什麼、穿什麼，因為只要人們先去求主的國和祂的義，這些東西主自然會加給他們。

明天或許並非毫無煩惱，但今天有今天的事要做，如果老是擔心，讓明天的事情影響了今天的情緒，造成「本來可以處理得很好的事情，因此而搞砸了」的後果，豈不是得不償失？

智慧小語

人人都知道要「活在當下」，偏偏想與做總是背道而馳。

延伸閱讀

上述這句話的題旨與中國成語「杞人憂天」的意涵有些類似。故事出自《列子》，是說有一個杞國人，生性多疑且膽小，他老是擔心著天會塌下來、地會陷下去，因此吃不下東西，晚上也睡不好，身體便一天天地消瘦下去。

朋友見他如此，前來安慰他，說道：「天不過是一團氣體，充塞在你生活的空間中，所以你不需要擔心它會塌下來。地也一樣呀！不過是堆積起來的土塊，填滿了整個地面，無一處空隙，因此，你也不用煩惱地會陷下去。」杞國人聽完之後才放下心中的憂慮。

姑且不論這番安慰話語中所犯下的科學錯誤，列子藉這個故事清楚說明：「為毫無必要的憂慮煩惱是沒有意義的事情。」

19

如果我們不真正瞭解一個人，就沒有權力去論
斷一個人。

——法拉第（英國科學家，1791-1867）

法拉第被稱為「電機工程學之父」，他在電磁學上的貢獻卓
著，為第一個提出磁力線與電力線觀念的科學家。為什麼一位只
受過國小教育的人，能夠在物理和化學領域有傑出的成就？除了
勤奮不懈的實驗精神與良好的學習態度，我想，謙虛的胸懷更是
法拉第成功的重要因素。

法拉第雖然倍受尊崇，但在人生的路上也常遭受謠言的中傷
與批評，對於批評他的那些人，他皆抱以寬容的態度。法拉第在
寫給一位年輕人的回信中說道：「……如果我們不真正瞭解一個
人，就沒有權力去論斷一個人……」說的就是關於論斷他人這件
事。

人是一種好強的生物，對於比自己優秀的人，總會不自覺地
出現嫉妒的心理。好一點的，可以調適自己的心情，把嫉妒轉化
成讚許；氣量狹小一點的，就免不了說出一些中傷的話語來，儘
管他並不十分瞭解那個人。

法拉第發明了發電機，提出「法拉第定律」、「磁化學」、
「生物電能」……等等著名的理論，可想而知，在他一生中受到

的論斷與批評一定不少，他認爲隨便論斷別人是人類的卑鄙天性，但當他在面對別人的批判時，卻能帶著包容與憐憫的態度，這樣的人生觀實在值得我們學習。

智慧小語

就算我們真正瞭解了一個人，也不可以隨便論斷他，因爲你怎麼知道，你的觀點就是最正確的呢？何況每一個人都是獨立的個體，自有其存在的價值。你可以不喜歡一個人，但請不要隨意論斷他。

20

> 傑作絕對不是單獨孤絕中產生的。它們是無數
> 歲月普遍的思想產物，為所有民眾思想的產物。結
> 果，單獨的聲音背後為廣大的民眾經驗。
>
> ——維吉尼亞・吳爾芙《自己的房間》（英國作家，1882-1941）

《自己的房間》是英國當代小說家維吉尼亞・吳爾芙於一九二九年發表的作品，為作者在兩間女子學院的演講稿總集。書中的主題思想在於：女人若要寫作，就必須要有錢，並且要有自己的房間。

作者認為，直至二十世紀初，女性的才能仍只被允許發揮在操持家務上，假使她們想要寫作，就會被視為刁鑽怪誕。因此，就算是《傲慢與偏見》這麼成功的文學作品，珍・奧斯汀在創作它的當下，也需戰戰兢兢，深怕被人發現。

慶幸的是，十八世紀末以後，中產階級的婦女開始寫作了。開拓者珍・奧斯汀、喬治・艾略特（原名為瑪麗・安・伊凡斯）與勃朗特姊妹們為後來的女性創作者開闢了一條道路，「……傑作絕對不是單獨孤絕中產生的。它們是無數歲月普遍的思想產物，為所有民眾思想的產物。結果，單獨的聲音背後為廣大的民眾經驗。」說的就是前驅者的重要性。

除了汲取書中的知識，女性也該走出小小的客廳與起居室，

去看看廣大的人群與現實之間的關係；去發現生活的眞實面；看看天空、看看樹，看出東西的本質；並且勇敢地寫出心中所想的東西。這樣，所寫出的作品才能涵蓋更廣博的領域。

智慧小語

　　人類的集體共同經驗，往往是創作的好題材，而且容易得到讀者的共鳴。

21

不可以只聽有錢人的聲音，應該看看窮苦人的
眼淚。

——塞萬提斯《唐吉訶德》（西班牙文學家，1547-1616）

《唐吉訶德》是十七世紀初，西班牙文學泰斗塞萬提斯的長
篇小說。內容敘述一位沉迷於騎士小說的鄉下紳士，立志重振騎
士精神，因而身體力行，於早已不見騎士蹤影的時代，四處鏟奸
除惡、幫助弱者的故事。

書中主角唐吉訶德錯把風車當做巨人，視羊群爲軍隊，旅店
是座城堡，裝酒的袋子則變成巨人的頭……，這些瘋狂的想像弄
得他全身是傷，並被周圍的人視爲瘋子。

但他無視於世人的眼光，專注地宣揚己身的理想。唐吉訶德
的行爲看似瘋狂，但他追求理想的執著，卻相當地令人感動。相
較於書中那些把他當做瘋子耍的公爵、富紳，他們的行爲則顯得
愚蠢可笑。

「不可以只聽有錢人的聲音，應該看看窮苦人的眼淚。」這
段話是唐吉訶德告誡其隨從桑科‧潘薩的一段話。桑科‧潘薩即
將赴海島就任總督，唐吉訶德對他說了十數條告誡的話，這是其
中的第五條。從這裡我們不難發現，唐吉訶德的行爲雖然瘋瘋癲
癲的，但其實他腦子裡蘊藏著相當深刻的思想。

後世把《唐吉訶德》與莎士比亞的《哈姆雷特》、歌德的《浮士德》視作世界文學的最高傑作。西班牙本地更流傳著這樣的說法：即使到了一無所有的窘境，我們至少有一本《唐吉訶德》。

智慧小語

　　眼淚終究不若聲音來得直接，居上位者如果不願意貼近人民，又怎能看見他們眼角的淚光呢？

22

從事快樂的事並不總是證明那便是合宜的。

——珍‧奧斯汀《理性與感性》（英國作家，1775-1817）

　　珍‧奧斯汀被毛姆評論為「世界十大小說家」之一。當年，當她待在全家人共用的起居室，小心翼翼地從事創作的時候，她大概沒想到自己的作品會被許多人所喜愛，更別說有朝一日，自己竟成為了極具指標意義的劃時代作家吧！

　　《理性與感性》是珍‧奧斯汀於一七九七年完成的作品。故事內容敘述兩個個性截然不同的姊妹，面對愛情時各自表現出來的態度。姊姊愛蓮娜善解人意且具備冷靜的判斷力，因此當愛情萌生之際，她仍能夠理性地克制內心豐富的情感。妹妹瑪麗安聰明、熱情，毫不保留地顯露自己的情緒，個性較急，欠缺謹慎。

　　「從事快樂的事並不總是證明那便是合宜的。」這段話是愛蓮娜得知妹妹與魏樂比獨自出遊時，勸導她的話語。愛蓮娜認為瑪麗安與男人單獨搭乘馬車到鄉間遊玩是不恰當的行為，因為那會引起他人的非議。瑪麗安則持不同的看法，她反駁姊姊的意見，說道：「快樂就是合宜最強烈的證據。」由此可以看出兩人個性的極端差異。

　　後來，瑪麗安的過度感性讓她的心靈被愛情傷得很重，愛蓮娜也因為個性過於理智差點失去一段好姻緣。在愛情的路上，理

性與感性必需找到一個平衡點，才能給人帶來幸福。

智慧小語

　　「快樂」跟「合宜」未必能夠劃上等號。但能夠擁有快樂的
情緒總是美好的，畢竟那能為我們苦悶的人生帶來瞬間的滿足。

23

> 得來不易的機會，會讓所有的動物去做原來不喜歡做的事情。

——夏目漱石《我是貓》（日本作家， 1867-1916）

夏目漱石為日本近代文學的鼻祖，他的作品《少爺》、《草枕》、《門》、《明暗》……等，廣受讀者的歡迎。其中，一九○五年發表的長篇小說《我是貓》使他倍受矚目，且讓他成為當時最有價值的新時代作家。

《我是貓》原本是夏目漱石發表於杜鵑雜誌的短篇小說，因為得到讀者廣大的迴響，於是持續連載了十次，最後發展成一本長篇小說。作者透過一隻貓的眼睛，將書中人物的日常生活戲劇化地呈現出來，內容幽默諷刺，倍受好評。

書中主角——一隻沒有名字的貓，無意間闖入一位教師的家裡，成為家中的一份子。經由與人類同居的生活，貓兒觀察到所謂「人類」具備著怎樣的一種德性。而貓兒本身也在與人類相處的過程中，領會出不少有趣的道理。比如說：「得來不易的機會，會讓所有的動物去做原來不喜歡做的事情。」這句話就是貓兒想偷吃主人碗裡剩下的東西時，體會出的真理。

一開始，貓兒並不是非常想吃這碗東西，但這是得來不易的機會，因為當下剛好碰上看管廚房的女僕不在，所以牠才有機會

接近這碗主人吃剩的年糕。若這次不吃，就可能終生不知年糕是何滋味了！因此，牠決定吃了。

最後，故事在孩子們的大笑聲中畫下句點。因為年糕太黏，貓兒的牙齒拔不出來，牠慌張地立起身子來，用兩隻前爪拼命地撥著，那滑稽的模樣被主人的小孩瞧見了，大聲喚來所有的家人。

「貓在跳舞耶！真有趣！」大家哈哈大笑著，令貓兒更加困窘不安。幸好，主人命令女僕幫貓兒拔下年糕，救了牠一條小命。因為拔除年糕的過程實在很痛苦，當下貓兒又體會出「所有的平安快樂，都必須經歷過苦痛」這個心得。

智慧小語

　　因為「貪」，當下抓住了機會，做了原本不喜歡做的事，但事後是否能夠獲得真心的喜悅呢？

24

> 在這個世界，生命完美地應和著；花朵於風兒
> 的眼神中融合，天鵝們彼此親愛著，唯獨人類，卻
> 製造著隔閡。
>
> ——聖修伯里《風沙星辰》（法國作家、飛行員，1900-1944）

聖修伯里出生於法國里昂一個沒落貴族家庭。十二歲時，聖修伯里第一次搭乘飛機，這一次特殊的經歷觸動了他心中對飛行的強烈渴望，自此他便對飛行有著濃厚的興趣。

一九二六年，聖修伯里進入法國航空公司擔任郵政飛行員，他的第一部長篇小說《南方信件》就是根據他的飛行經驗完成的創作。一九三一年，聖修伯里將開發往來南美洲航線的經歷寫成《夜間飛行》一書，讓他獲得法國翡米那（Fimina）獎的榮耀與肯定，從此聲名大噪。一九四三年出版的《小王子》更讓他廣受歡迎，躋身世界名作家之列。

《風沙星辰》是聖修伯里的第三本著作，榮獲法國法蘭西學院小說獎。紐約時報稱此書是：「一本既美麗又英勇的書。」認為每個人都應該閱讀這本書，因為它能讓人類重拾人性的驕傲與積極奮發的精神。書的內容為聖修伯里在庇里牛斯山、撒哈拉沙漠等地飛行時的冒險經歷，包含著作者對人世間文明與戰爭的看法，深富哲學意涵。

「在這個世界，生命完美地應和著；花朵於風兒的眼神中融合，天鵝們彼此親愛著，唯獨人類，卻製造著隔閡。」這段話即出自此書，敘述作者飛行至一處偏僻的村鎮，見到當地特殊的景致與居民時所產生的感想。他認為，不同的語言與思考模式，往往拉開人與人之間的距離，讓人產生孤寂感。對於這兒的居民，他一無所知；而他對居民們來說，也不過是一個陌生人，無法走進彼此的世界。

智慧小語

　　人與人之間短暫的交會未必能擦出火花，帶著善意珍惜每一次的相逢，美好的感覺雖然短暫，卻能化成溫暖的記憶留存心中。

25

憂傷和絕望，會給人帶來神奇的力量。

——狄更斯《雙城記》（英國作家，1812-1870）

　　狄更斯是十九世紀英國著名的小說家，他的父親原本是在海軍部門服務的小職員，因為積欠債務而入獄。因此，狄更斯年紀很輕的時候就開始幫忙媽媽承擔起繁重的家務。十二歲時，狄更斯到鞋油作坊當學徒，見到工人們為錢所困的艱苦生活，影響了他日後的創作。

　　《雙城記》的故事背景為法國大革命，所謂的雙城指的是巴黎與倫敦兩個城市。小說發表於一八五九年，出版後一直深受讀者所喜愛。故事的主角為一名叫馬奈德的法國醫生，因為捲入一宗貴族殺害佃農的案件，被貴族聖‧哀弗雷蒙兩兄弟陷害，關入巴斯底監獄。

　　在獄中度過漫長的十八年歲月後，馬奈德終於被釋放，並與女兒一同遷往倫敦定居。此時，女兒愛上法國貴族後裔查理‧達爾南，雖然他是聖‧哀弗雷蒙的姪子，但他正直且嫉惡如仇的個性終博得馬奈德的諒解，答應讓女兒嫁給他。法國大革命爆發，查理‧達爾南因其貴族身份被捕入獄。馬奈德雖極力解救，無奈自己留藏在巴斯底監獄的控訴狀竟成為女婿被判死刑的最重要證據。手稿中，他詳細描述了當年親身經歷的一場可怕殺人事件。

當年，他被聖・哀弗雷蒙兄弟帶去醫治一位生病的女佃戶。她病得奄奄一息，但始終保留著一口氣。貴族兩兄弟冷漠地站在旁邊，非但不關心她的病情，反而殘酷地嘲諷道：「這些低賤者的身體裡頭，還真有不少力量！」

此時，已從女孩弟弟口中得知真相的馬奈德隨即反駁：「憂傷和絕望，會給人帶來神奇的力量。」這句話雖然幫姑娘與其家人吐了一口怨氣，卻也給自己埋下災難的種子，後來他果然因為捲入這場殺人事件而被貴族們陷害。

智慧小語

　　大多數人在面臨徹底的憂傷與絕望時，往往會放棄求生的意志。那麼，到底是歷經了多麼深切的苦痛？竟能在絕境中生出求生的勇氣？

26

人儘管眼睛能夠看見東西，卻等同於什麼也看
不見。

——馬克‧吐溫《頑童流浪記》（美國作家，1835-1910）

相信許多人都看過《湯姆歷險記》的卡通與小說，《頑童流
浪記》為《湯姆歷險記》的續集，同樣是美國幽默大師馬克‧吐
溫的作品。馬克‧吐溫被譽為最具美國本色的作家，在他的作品
中，隨處可見美國的風土人情與美國人隨性自由的獨特風格。

在《頑童流浪記》中，湯姆的好朋友哈克躍升為主角。故事
內容敘述哈克與湯姆得到一大筆錢之後，哈克住進一位寡婦家，
學習文明的生活方式。後來，哈克被他的親生父親綁架，脫逃之
後，因不想再回到鎮上過拘謹的生活，便與逃家的黑奴吉姆展開
一趟密西西比河的冒險之旅。

後來，吉姆被主人給抓回去，哈克同湯姆想辦法要救他出
來，上述這句話即出自兩人商量要如何救吉姆時的對話。兩人來
到吉姆的主人家作客，趁白天時觀察這家人的行動，想探出吉姆
被關在何處。晚上兩人溜出客房，湯姆分析道：「我想，吉姆就
被關在那間中午有人送飯的小屋裡，因為狗是不吃西瓜的。」

哈克想起中午時的確看到餐盤上有西瓜，他一邊點頭表示贊
同，一邊暗暗讚嘆湯姆的好頭腦。此時他說道：「我怎麼沒有想

到這點？狗是不吃西瓜的。可見人儘管眼睛能夠看見東西，卻等同於什麼也看不見哩！」

智慧小語

　　要讓眼睛看見的東西生出意義來，得加上腦子去思考才行。

27

一個好朋友，勝過人世間所有絢麗的光彩。

——伏爾泰（法國詩人及作家，1694-1778）

　　伏爾泰是法國啓蒙運動的先驅者，與孟德斯鳩和盧梭並列爲十八世紀三大思想家。他出生於巴黎的一個小康家庭，父親是一名律師。自小他就聰明過人，年紀很輕的時候就以詩作〈亨利亞德〉與劇作《奧狄浦斯》贏得顯著的名聲。

　　伏爾泰常在作品中抨擊政府，強調對公認權力的懷疑，因此得罪了貴族。一七二六年，伏爾泰被捕入獄，出獄之後他前往英國，接觸到培根、洛克……等的哲學思想，莎士比亞的作品也深深打動他的心靈。因此，在英國的兩年成了他思想的轉折點。

　　回到法國之後，伏爾泰出版了他的第一部哲學作品《哲學書簡》，成爲法國啓蒙運動的開端。三十九歲那年，伏爾泰接受夏德萊特侯爵夫人的資助，在法國東部度過十多年的歲月。

　　伏爾泰的作品很多，要求言論自由與宗教自由的主題貫穿於他的書中，他所抱持的理念爲：每個人若對某事產生不認同，他就具有懷疑的權利。由於他的文字風格平易近人，讓人輕易地便能了解哲學中傳遞出來的意義，因此，在他的一生中，已將追尋言論知識自由的態度傳播了出去，對之後法國大革命的興起，有著決定性的影響。

智慧小語

　　榮華富貴支撐人類的外表，朋友卻撫慰人類的心靈。

名人軼事

　　伏爾泰年近四十歲那年，住進已婚婦人夏德萊特侯爵夫人的莊園。夏德萊特侯爵夫人的智慧與才氣深深吸引著伏爾泰，兩人常常花一整天的時間研究數學，討論各項思想理論。兩人並一塊兒在莊園中接待來自知識界與文藝界的朋友。

　　他倆的戀情維持了十五年的時間，之後，由於一位年輕男子聖‧朗伯的介入，兩人宣告分手。分手後，伏爾泰曾自我解嘲地說：「我取代了黎塞留，聖‧朗伯又趕走了我！這就是事物的秩序，一根釘子擠出另一根釘子，世界就這樣運行。」

　　過了一年，夏德萊特侯爵夫人因為難產過世，黎塞留（夏德萊特侯爵夫人之夫）、伏爾泰、聖‧朗伯全聚在她的遺體旁弔唁，三人並無心結，相反地，因為共同的失去三人成了朋友。

28

> 我不願意責罰你們，因為我希望你們呈現在我
> 眼前的，是你們最真實的一面。
>
> ——亞米契斯《愛的教育》（義大利作家，1846-1908）

《愛的教育》是義大利作家亞米契斯最廣為人知的作品，被翻譯成一百多種語言，風行於世界各國。它的成功在於其內容是以「愛」為基礎，藉由一位小學生的眼睛，道出現實生活中無私的愛與對生命的關懷，深深感動每一位讀者的心靈。

書中主角安利科是一位國小四年級的學生，過完三個月長長的假期，他和其他的小學生們一樣，帶著一顆懶洋洋的心回到學校。廊間巧遇三年級的導師，老師神情愉快地對他說：「這學期老師不再教你囉！」安利科的心中覺得有些難過——老師換了，同學也不是三年級時的同一批人，新老師又是一個沒有笑容的人。開學日這一天，安利科有著深深的失落感。

上課第二天，新老師對學生說了一番鼓勵的話，改變安利科對他的想法。老師說：「我沒有家人，你們就是我的家人。我愛你們每一個人，希望你們也能夠喜歡我。我不願意責罰你們，因為我希望你們呈現在我眼前的，是你們最真實的一面……」

一位原本在課堂上調皮搗蛋的小朋友，聽完老師這些話之後，竟自動走到老師身邊向他道歉。當老師摸著這個小朋友的

頭，輕聲安慰他的時候，安利科突然覺得：「新老師的聲音好親切呀！」

這是書中的一小段，深刻地表現出此書的主題：「愛」。因為老師用愛去包容學生，學生自然回報老師以尊敬。老師說，他不願意責罰學生的理由，是希望他們能夠表現出最真實的一面，不要有欺騙、隱瞞，以真心來對待彼此。

這在今天的社會裡，聽來是多麼地不可思議。因為要面對二、三十個來自不同家庭，有著不同個性的孩子，多數老師以建立規範為理由，多以處罰代替溝通。因為除了心力、時間不足的問題，家長的態度也是很大的因素。雙方都不願意花費多一點的時間來關心孩子，卻要求孩子要有立即、正面的表現。衍生出來的問題就是孩子們學會壓抑、說謊、憤怒，隱瞞自己的情緒去配合大人。表面上是達成了老師與父母的要求，但是他們的內心世界是如何呢？

智慧小語

一味地要求老師們愛護學生、包容學生，為人父母者卻不願意付出心力與時間去關心孩子，瞭解孩子偏差行為的背後原因，想來也的確是委屈了許多用心教學的好老師了。

29

當我們熱愛著這個世界時，便生活在這世界
上。

——泰戈爾《漂鳥集》（印度詩人，1861-1941）

　　泰戈爾出生於印度的加爾各答，他的家族是當地的名門望
族，祖父為大財主的後裔，父親是宗教家，創立了一個新的宗教
團體「知梵協會」，主要教義在於改革印度教不好的習慣。父親
與兄長們致力於宗教改革運動與文藝復興運動的行為，深深影響
了泰戈爾的思想。

　　泰戈爾八歲即開始寫詩，十七歲就發表了生平的第一本詩
集。一八七八年，泰戈爾跟隨二哥到英國留學，學習英國傳統的
古典文學，並接觸到歐洲的音樂。這將近一年半的留學經歷，對
於泰戈爾的創作產生非常大的影響。

　　一八九○年，泰戈爾二十九歲，發表詩集《馬納希》，一舉
成名；戲劇《犧牲》更被稱讚為最佳的劇本。自此陸續發表許多
優秀的詩歌、歌曲與短篇小說。一九一三年，泰戈爾以宗教抒情
詩集《吉檀迦利》獲頒諾貝爾文學獎，為亞洲第一人。獲得諾貝
爾文學獎之後，英國女王封他為爵士，但他在一九一九年辭去爵
士榮譽，為的是抗議英國軍隊在印度安瑞沙對平民的大屠殺。

　　《漂鳥集》為泰戈爾的詩集之一，共有三百二十五首詩，內

容爲許多人所喜愛。「當我們熱愛著這個世界時，便生活在這世界上。」這句詩出自於詩集中的第二百七十八首，表現了泰戈爾對生活的熱愛。

智慧小語

　　人如果不愛生活的世界，時時刻刻憂傷煩惱、怨人厭己，就算心臟仍在跳動，心靈與腦袋仍無法感受生存的美好，對生存的環境便容易生出距離與漂泊感。

30

> 做個好人不需要頭腦，我覺得有時情況恰好相
> 反。一個絕對精明的人，很少是個好人。
>
> ——約翰‧史坦貝克《人鼠之間》（美國作家， 1902-1968）

約翰‧史坦貝克出生於美國加州的一個小城鎮。他生活的地方住著各個階層的人們，包括工人、移民與下層的勞動者，因此，這些人日常生活的情景便常出現在他的作品中。他於一九六二年獲頒諾貝爾文學獎。

《人鼠之間》發表於一九三七年，為約翰‧史坦貝克的短篇傑作，故事內容描寫流浪工人喬治與倫尼的故事，呈現了四處遷徙的勞動工人們的辛酸。倫尼為一位輕度智能障礙者，他單純善良，不懂得如何與他人應對，因此，他對精明能幹、思路清晰的夥伴喬治言聽計從，只要喬治說什麼，他都照做不誤。

但如果喬治不在倫尼身邊，他便常會因為塊頭大，情緒緊張而傷害到別人，兩人便經常在倫尼無意識的犯罪中四處遷徙。一日，倫尼在野草鎮傷害了一位女孩，雖然他原本只是想摸摸女孩身上紅衣服的質料，怎知惹來女孩的尖聲大叫。在緊張的情緒中，倫尼過度用力抓緊女孩而傷害到她。

為了躲避野草鎮民的追捕，喬治帶著倫尼一路逃到另一個城鎮，並找到搬運大麥的工作。兩人來到牧場，倫尼因為塊頭大，

引來牧場主人兒子柯利的敵視，常常藉故找他麻煩。

　　一日，柯利因四處找不著自己的老婆而怒氣沖沖，他懷疑倫尼臉上的笑容是在嘲笑他，因而出手打傷倫尼。倫尼在喬治的許可下動手反擊，但因為他過於緊張，遲遲不放開柯利被緊握住的拳頭，造成柯利手骨碎裂送醫。

　　加上柯利妻子刻意的接近，倫尼又再度犯下殺人的罪行。這一次，喬治不再帶倫尼逃亡了，他偷了另一位牧場工人的手槍，親手結束了倫尼的生命。

　　單純的倫尼最大的心願是擁有一塊地，然後負責餵養兔子的工作，他喜歡小動物，無論是老鼠、小貓或小狗，但最後他卻死在自己最信賴的朋友手中。就像倫尼愛動物的心情，雖然總是溫柔地對待牠們，卻又總是在無意間弄死牠們。喬治動手殺他，也是抱著不得不的心情吧！

　　「做個好人不需要頭腦，我覺得有時情況恰好相反。一個絕對精明的人，很少是個好人。」這段話出自牧場工人斯利姆口中，當喬治與他談起自己與倫尼的相處方式時，斯利姆說出這段話。喬治不置可否，或許他心中也在默默省思話中的涵義吧！

智慧小語

　　這是一則讀來悲傷的故事！好人犯錯之後仍是好人嗎？因為頭腦不好，因此容易被判定是個好人，但也因為不用頭腦思考，常常落得悲慘的下場。

生命的意義

A man can be destroyed but not defeated.

～ Ernest Hemingway

01

今天我們繼續啓航，方向——西南西。

——哥倫布（航海家，1451-1506）

一四五一年，哥倫布出生於義大利熱那亞。哥倫布堅信只要從歐洲朝向西方航行，最後一定會到達東方。憑著這樣的信念，他成功地說服當時的西班牙王后伊莎貝拉，出資贊助他的航海計劃。

一四九二年十月，一個嶄新的美洲大陸出現在哥倫布船隊面前，雖然並不是他原本預期的東方大陸，但他卻在無意間為人類打開了一個新世界。由於哥倫布的發現，為人們打開了前往新世界探險與殖民的時代，為人類歷史的發展揭開新的一頁。

哥倫布不斷在他的航海日誌中寫著：「今天我們繼續啓航，方向——西南西。」顯示出他在航海途中歷經了萬般的艱辛。船員們因為漫長的旅程與惡劣的天氣狀況，紛紛萌生掉頭返航的情緒，哥倫布不為外力左右，依舊堅持自己的理念，繼續往茫茫的未知前進，這需要莫大的勇氣，而最後果然讓他成為影響世界的重大人物之一。

人生中總會遇到許多關口，下決定並不是一件容易的事情。有多少人能夠在面對外界的阻力時，依然堅信自己的決定？風平浪靜的人生畢竟難尋，如何在面對困境時勇敢面對內心的煎熬與

對未來的茫然，哥倫布的這句話，應該有其實質的影響力。

名人軼事

在一個為哥倫布發現新大陸而舉辦的歡迎宴會上，一位老兄不客氣地大聲批評：「他不過是把船一直朝西航行罷了！沒什麼了不起，每一個人都能夠做到。」

哥倫布雖然聽見了，但不回應。他拿起桌上的一顆熟雞蛋問道：「誰能夠把熟雞蛋尖頭的那一端立在桌面上？」

在場的人都拿起熟雞蛋去試，但沒有一個人能夠做到。此時，哥倫布將手中的熟雞蛋尖端輕輕敲碎，蛋很容易就立起來了。

「不算！你把蛋敲破了，當然可以立起來。」前面那位老兄又說話了。

「沒錯！」哥倫布回答：「這就是你跟我最大的不同。我敢敲碎它，而你不敢，很多人認為某些發明和發現並不困難，但他們總是在別人發表之後才提出來。」

02

一個人可以被毀滅，但不可以被擊敗。

——海明威《老人與海》（美國作家，1899-1961）

《老人與海》是美國作家海明威以大海爲背景創作的小說，此書不但獲得美國文壇最富盛名的普立茲獎，更於一九五四年獲頒諾貝爾文學獎。

內容描寫一位老漁夫在大海中與鯊魚群搏鬥的故事。老漁夫連續八十幾天沒有捕到魚，但他並不氣餒，繼續出海打魚。終於在八十五天時釣到一條從鼻子到尾巴足足有十八英尺長的大魚。

書中描寫老人釣到大魚時的內心想法：「當發覺他已經釣到一條大魚的時候，就把許多釣小魚的魚絲都斬斷了。他想：『這時我只能想一件事，我是爲此事而生。』」彷彿是爲了自己的生命而戰，雖然歷經艱辛，老人終究戰勝了大魚。

但海裡的鯊魚群聞到血腥味，紛紛聚集到老漁夫的船邊。此時，老漁夫才剛剛結束三天三夜不眠不休與大魚的拉鋸戰，他的肩脊疼痛不已，手上的傷口也不斷冒出血來，但他仍然堅強地拿起魚叉，奮力與鯊魚群搏鬥。

最後，在老漁夫幾乎耗盡全身氣力時，船終於返回港灣。辛苦捕獲的大魚只剩下一具空骨架，但從中仍然能夠看到老漁夫努力不懈的痕跡。

「人可不是為失敗而生的。一個人可以被毀滅，但不可以被擊敗。」是老漁夫在最痛苦、最疲憊時說的話。藉此來提振精神，捍衛自我生命的尊嚴。

老漁夫的這句話，應該可以提供人們正面迎向困難的勇氣吧！

智慧小語

死亡或許可怕，但更可悲的是毫無尊嚴地死去。

名人軼事

很多人都讀過海明威充滿著生命力度的作品，他的人生也的確過得精彩無比，但他的晚年生活呢？他是如何離開這個世界的呢？

一九六一年七月的某一天早上，長期為高血壓、糖尿病與皮膚病所苦的海明威從床上起身，拖著虛弱的步伐蹣跚地走下樓梯，就在客廳旁的一間小起居室裡，他扣下扳機結束了自己的生命。

當時，海明威的心中想著什麼？無人知道。或許就像他對藝術創作的執著，他對人生也懷抱著一份美好的執著，當生命不再能夠任意揮灑，正視死亡反而是最好的選擇。

03

> 向生活學習，生活永遠在你周圍。
>
> ——英格麗・褒曼（演員，1915-1982）

　　英格麗・褒曼出生於瑞典首都斯德哥爾摩，在她出生之前，她的雙親曾經失去兩個嬰孩，因此，對於這得來不易的小女孩，夫妻倆格外珍惜。對他倆而言，這孩子就如同天使般珍貴，於是他們為她取名英格麗・褒曼，與當時的瑞典小公主同名。

　　雖然英格麗・褒曼有著如此愛她的雙親，但遺憾的是，她的父母在她年紀還很小的時候就已經去世，因此英格麗・褒曼自十二歲起便過著寄人籬下的生活。因為孤單，英格麗・褒曼習慣獨處，喜歡自己玩著角色扮演的遊戲，這使她對表演產生濃厚的興趣；因此，高中畢業之後她選擇進入瑞典皇家劇院學習表演。

　　進入電影圈之後，英格麗・褒曼主演了〈北非諜影〉、〈戰地鐘聲〉、〈煤氣燈下〉、〈聖女貞德〉、〈真假公主〉等數十部電影，皆為全球賣座的經典佳作。其中，〈煤氣燈下〉和〈真假公主〉更為她贏得兩座奧斯卡最佳女演員獎。一九七四年，中年的英格麗・褒曼接演了〈東方快車謀殺案〉，儘管只是一個配角，英格麗・褒曼精湛的演技仍擄獲了大眾的目光，此片為她奪得一座奧斯卡女配角獎。

　　世人除了欣賞她麗質天生的美貌，更醉心於她在電影中所詮

釋的角色，演什麼像什麼，是英格麗·褒曼留給人最深刻的印象。為什麼她的演技能夠達到爐火純青的境界？從她的座右銘「工作、工作，工作就是生活」中，我們得以窺見一代巨星的處世哲學。

英格麗·褒曼工作認真，對於每一次的演出都要求做到最好，她說，除了不斷練習之外，生活上的觀察也是很重要的一環，所以每演出一個不同的角色，她總會先去研究這個角色的特徵，思考環境對她造成的影響。因此，英格麗·褒曼才能以洗鍊的演技，精彩呈現各種不同的角色。正因為她的認真，無處不是她學習的對象，她才會說出向生活學習這句話。

智慧小語

世界就像一座大型圖書館，隨時提供各種知識，只要你願意踏進來。

名人軼事

據說，英格麗·褒曼對愛情有著無可救藥的浪漫情懷，因此，除了她出色的演出備受矚目之外，她的三段婚姻也是世人關注的焦點。

三十三歲那年，英格麗·褒曼結識了義大利導演羅賽里尼，兩人立即陷入熱戀。為了與羅賽里尼長相廝守，英格麗·褒曼不

顧世人責備的眼光，向丈夫提出離婚的要求，並帶著身孕投入愛人的懷抱。這種拋夫棄子的外遇行徑在當時保守的社會是不被允許的，因此，英格麗‧褒曼與第二任丈夫羅賽里尼合作拍攝的數部電影皆遭到觀眾的抵制。

主演的〈真假公主〉為英格麗‧褒曼贏得了第二座奧斯卡女主角獎之後，她選擇與情感日漸疏離的羅賽里尼分手；與第三任丈夫的婚姻雖然維持了十二年，但最終也劃下了句點。

當英格麗‧褒曼因為罹患乳癌而感到身體不適之際，對於愛情，她仍然懷抱著浪漫的憧憬。她相信，每個人都該尋找到生命中的真愛；可惜的是，生命中的真愛還未出現，英格麗‧褒曼就因為癌細胞擴散而辭世，享年六十七歲。

04

只要朝向陽光，便不會看見陰影。

——海倫‧凱勒（美國作家、教育家，1880-1968）

　　海倫‧凱勒出生於美國南部阿拉巴馬州的一個小鎮，十九個月大之前，她與一般的小嬰孩無異，盡情感受成長的每個階段：牙牙學語、向母親撒嬌、搖搖擺擺地跨出人生的第一步。無奈一場高燒久久不退的大病，讓她失去了視力、聽力與說話的能力。

　　盲、聾、啞三種身體上的多重障礙讓海倫‧凱勒的學習歷程比別人辛苦，五歲時，小妹妹蜜爾特蕾特誕生，海倫‧凱勒因為感受到母親的愛被另一個孩子剝奪，因此個性變得極為暴躁易怒，有時還會欺負小妹妹。

　　母親於是聘請家庭教師安妮‧莎莉文小姐來教導海倫‧凱勒。莎莉文小姐極具耐心與不厭其煩的教導方式，終於喚醒海倫‧凱勒沉睡的靈魂，讓她學會如何用心去感受世界。

　　長大後，海倫‧凱勒靠著自己堅強的意志，不但成為第一位自哈佛大學畢業的盲聾生，更在職場上占有一席之地，成為一位出色的作家和教育家。她奉獻自己一生的時間，於報紙、雜誌上撰寫盲聾人士在生活上所遭遇的各種困境，並且四處演講，讓社會大眾能夠深刻了解盲聾人士，並對他們釋出善意。

　　海倫‧凱勒曾經說過：「我就像那些朝生暮死的小昆蟲，一

天的時間就是一生；因此，我的生命充滿著活力與朝氣。」她樂觀向上，珍惜當下的每一秒鐘，也許，這就是讓她能夠擁有「只要朝向陽光，便不會看見陰影」這種人生觀的主要原因吧！

智慧小語

看看別人、想想自己，幸福其實一直在自己身邊。

名人軼事

大家都知道安妮‧莎莉文對海倫‧凱勒的人生具有深刻的啟蒙作用，但鮮少有人知道安妮‧莎莉文是如何來到海倫‧凱勒身邊，擔任她的家庭教師的。

其實，在海倫‧凱勒五歲的時候，她的父母曾經帶她前往華盛頓，拜訪一位熱心幫助盲聾人士的貝爾博士。透過貝爾博士的介紹，從波士頓的帕金斯學院找到充滿愛心的安妮‧莎莉文，請她擔任海倫‧凱勒的家庭教師。

而上述的這位牽線人，其實就是發明了電話的貝爾博士呢！

05

過去的事早已消失，未來的事更渺不可知，只
有現在是真實的。

——培根（英國哲學家，1561-1626）

培根最爲人所知的名言主要是「知識即力量」，他重視事實
的蒐集與歸納，強調實驗哲學與研究者集體合作的重要性，他的
主體思想——觀察與經驗的重要性，成爲日後科學家們使用歸納
法的核心思想。

培根出生於伊莉莎白女王時代，父親尼古拉‧培根勳爵是一
名掌璽大臣，因此，在家族的影響之下，培根不但是一名哲學
家，還是一個傑出的政治家。

一六一八年，五十七歲的培根成爲內閣成員，並兼任上議院
的大法官，同年且受封爲維魯拉男爵；一六二一年更封爲聖奧爾
本斯子爵。但政治環境終究是險惡的，培根因爲一件普通的收賄
事件，被對手鬥爭入獄，兩天後，培根雖然從監獄被釋放出來，
但他的政治生涯就此結束。

培根在他的著作《科學推進論》中寫道：「哲學引領我們先
去尋求心靈的財富，其餘的東西或許會自動到來，或許並無需
求。」這可以做爲他一生最後五年的生命寫照。退出政治的培根
過著隱居而寧靜的清苦生活，他寫出《科學推進論》、《亨利七

世史》、增補《論說文集》等書籍，積極地追尋哲學。他忙碌的一生，在一六二六年劃下句點，但直到死之前，他仍在思考自己所做的一個有關於用雪來防止肉類腐爛的實驗結果。

智慧小語

活在當下，才能體會生命的真實。唯有思考，才能感覺自己的存在。

06

痛苦的人沒有悲觀的權力。

——尼采（德國哲學家，1844-1900）

尼采出生於一個牧師世家，從小在溫和、慈善的基督教道德精神中成長，早年的他是個非常虔誠的信徒，言行舉止與思想皆遵循《聖經》的內容與教義，因此，學校裡曾有同學私底下叫他「聖殿裡的耶穌」。

這樣溫文、篤信宗教的一個人，怎麼會有「痛苦的人沒有悲觀的權力」這樣的想法呢？原來，尼采在十八歲時便已經放棄父執輩們的信仰，他敏感脆弱、近乎神經質的內心，在失去宗教信仰之後變得飄忽不定，他失去生命的重心，沉迷於煙酒玩樂，想藉此尋找一個新的神啟。

一天，尼采突然醒悟，他屏棄縱慾享樂的生活，專心追尋哲學思想。叔本華的《作為意志和表象的世界》一書帶給尼采相當深遠的影響，自從他讀了叔本華的作品，他對現實世界的看法便起了本質上的改變。他認為，唯有經過破壞，才能再造更好的時代。因此，他無法忍受人們過度安於現狀的心態。

尼采的眼睛不好，情緒方面也過於纖細敏感，近乎神經質，但是身體虛弱卻未使他放棄對生命的熱忱，他說：「我對偉大的理解就是在危難之際，不僅要堅忍地忍受它，並且要熱愛它。」

他認為，不管生活多麼艱困，都要以積極的態度來面對挫折與挑戰。

尼采討厭憐憫，認為別人的憐憫只會消蝕人內心的堅強意志，人必須要靠自己與自己的痛苦戰鬥，才能成為掌握自我人生的強者。這就是尼采，也難怪他會反對人以悲觀的心情去面對人生的苦痛了。

智慧小語

的確，以積極正面的心情去面對困境是對的；但適度地宣洩一下情緒，有時也有提振勇氣的作用呢！

名人軼事

西元前六世紀末，在一場羅馬與伊特拉斯坎人的戰爭中，羅馬司令官斯凱沃拉被伊特拉斯坎人所縛。為表明自己絕不認輸的決心，斯凱沃拉竟把右手伸進祭壇的烈焰中而神色自若。伊特拉斯坎的國王見狀，感佩於斯凱沃拉勇敢堅毅的精神，於是將他釋放。

據說，當尼采讀中學時。有一日，同學們為了斯凱沃拉的事蹟是否屬實而爭論不休時，原本站在旁邊不發一語的尼采突然從火爐中拿起一塊燒紅的煤炭，握在掌中，以行動得到了答案。

07

聰明的人常不成功，是因為他們缺乏恆心與毅力。

——牛頓（英國科學家，1642-1727）

　　很多人都以為，是一顆蘋果從樹上掉下來剛好打到牛頓的腦袋，讓他發現了萬有引力。其實，創造一種學說哪是這麼容易的事情？發表萬有引力的學說之前，牛頓早就花費許多時間在進行研究囉！

　　牛頓出生在英格蘭的伍爾斯托普，出生之前他的父親已經死了。幼年時，牛頓在功課方面並沒有很出色的表現，身體也不好。長大後外出求學時，他的母親還曾經想要他回歸田園，做個農夫。但牛頓並不適合農莊裡的工作，雖然他曾順應母親的要求，回到農莊經營過一段時日，但最終還是回到學校繼續讀書。

　　牛頓十八歲時進入劍橋大學就讀，學習數學與各種自然科學的知識。他在發表萬有引力學說之前，早已經在光學、數學、力學的領域方面有所成就，他所發明的反射式望遠鏡、微積分、第一運動定律、第二運動定律與第三運動定律，皆對人類帶來重大的影響。

　　牛頓在大學時期就已經開始進行獨立的研究，他終日浸淫在自然科學的領域，因此才能在物理、數學、天文學等領域有所成

就，而這些成就並非一蹴可幾，而是經過長時間的努力才有這樣的成果，因此，在我們讚嘆牛頓是有史以來最偉大和最有影響力的科學家之際，更要學習他的恆心與毅力。

智慧小語

一個有趣故事的背後常常藏著一個重要的觀點，但卻往往被人所忽視，他們只記得好玩的部份。

名人軼事

牛頓研究學問的專注精神非常地有名，有一回他的僕人有事外出，臨走之前對牛頓說：「先生，我在鍋子裡加了水要煮雞蛋，待會兒水滾時麻煩您幫忙把放在桌上的雞蛋放進去煮。謝謝您！」說完，僕人就出門了。

當時，牛頓正專心地研究著數學問題，因此，當鍋子裡的水沸騰時，他一點兒也沒有發現。一直到水沸騰的聲音驚醒他，他才慢慢地走到鍋子旁邊，眼睛根本沒離開研究資料，隨手就拿起桌上的東西丟進鍋子。

僕人回來的時候發現，雞蛋還好好地擺在桌子上，他探頭往鍋子裡一瞧，哇！「先生，」僕人驚訝地喊道：「您把手錶丟進鍋子裡煮啦！」

08

野草是什麼？野草只是一種還沒有發掘其功用的植物而已。

——愛默生（美國詩人、文學家及哲學家，1803-1882）

愛默生是十九世紀美國重要的自然哲學家，他的作品不但人人爭相傳頌，更成為美國自由傳統的一部份。他曾經說過：「美國就是機會、自由與能力。」林肯稱他為「美國信仰的先知」，說的就是他在塑造美國人的民族性方面，有著極大的影響力。

愛默生的父親是一位清貧的牧師，當他死去的時候，愛默生才只有八歲大。從小愛默生便喜歡沉思，他不像一般同年齡的小孩老在外頭嬉戲，反而習慣靜靜地待在家中，聆聽前來家中寄宿的旅客們之間的談話。有時，他也流連在母親的書房，沉浸在書堆裡頭。

成年之後，愛默生做過短暫的牧師，但因為他獨特的講道方式與舊傳統相互衝突，使他不得不放棄這個工作。之後，他四處旅行，徜徉在大自然之中，尋找生命的真義，更藉著鄉村講座，把自己的思想推展出去，獲得許多人的支持。

愛默生認為，讓自己感到快樂是必須的，無論面臨多大的痛苦，都要以正面的心態去面對，因為：要夠黑暗，才看得見星星。

愛默生還提出「尊重個人」的想法，他說，每個人在不同的工作崗位上都有其力量與重要性，絕對不能加以輕視。因此，野草就可以用來比喻成人，只要有自信，終有一天必能發揮其力量。

智慧小語

　　很多人弄不清楚自己的價值何在？他們說：「我不知道活著到底有什麼意義。」其實，人就是為了創造自己存在的價值而活著的，不是嗎？

09

農夫在牧場上採割花草來餵飽牛群之後，於返家途中必須心存警惕，不可因為無聊就隨手砍倒路邊的野花。

——史懷哲（德國醫生、諾貝爾和平獎得主，1875-1965）

史懷哲是二十世紀知名的人道主義者，三十八歲時他放棄舒適的生活與既有的社會地位，前往非洲為當地貧困的居民醫病。史懷哲除了幫生病的人看病之外，有時還四處奔走，為貧苦的非洲居民募款改善醫療環境，直到他以九十歲高齡過世之前，仍在盡力奉獻己力。

史懷哲除了關心人類，對於宇宙萬物也懷著同樣的關懷，他曾經說過：「我的生命對我來說充滿了意義，我身旁的這些生命一定也有相當重要的意義。如果我希望別人尊重我的生命，那麼我也必須尊重其他的生命。道德觀在西方世界一直就僅限於人與人之間，這是非常狹隘的。我們應該要有無界線的道德觀，包括對動物也一樣。」

史懷哲也在《文明的哲學》一書中提出「敬畏生命」的觀點，他說：「一切的生命都值得尊敬。」不管是人、動物，甚至是路邊的植物，皆有其生存的尊嚴，人類對它們必須懷抱著敬意。他認為，只將愛心侷限於人類，並不算真正擁有憐憫之心，

必須擁抱並接納所有生物才行。

　　史懷哲這種博愛的胸懷並不僅僅表現於文字中，更徹底貫徹於日常生活之中，成為他生命的一環，一九五三年十月三十一日，史懷哲獲頒諾貝爾和平獎，為他「非洲聖人」的封號做了最完美的註解。

智慧小語

　　將自己的人生全部奉獻在為人服務上頭，並且熱愛它；想起來很有意義，但大多數的人並不會去做，因為那先得具備一顆無私的心。

10

要每天每日去開拓生活和自由，然後才能夠做
自由與生活的享受。

——歌德《浮士德》(德國詩人、文學家，1749-1832)

歌德的《浮士德》被譽十八世紀末至十九世紀初，德國在藝術思想上的最高成就。詩劇內容以中世紀民間傳說人物——浮士德為主角，描述其追求人生意義、探索真理的經歷。

白髮蒼蒼的老學者浮士德，為自己多年來沉浸在書堆中的生活感到懊悔，他的內心煩惱而憂鬱，哀愁地追悼著那白白逝去的青春歲月，這時，一條跟在浮士德身邊的黑狗，趁機在浮士德面前變回原形，原來它是惡魔所變，要到人間來引誘浮士德獻出靈魂。

惡魔讓浮士德恢復青春，讓他去經歷愛情、權勢與名聲，兩人訂下契約——有一天，當浮士德的內心感到滿足的時候，就要把靈魂交給惡魔。詩劇最後，當浮士德在為人們建立了一座理想之國時，終於從改造自然與為人群謀求幸福中感到滿足，他倒在地上死去，惡魔原以為自己勝利了，但它最終卻無法拿到浮士德的靈魂，因為上帝派天使來把浮士德接走了。

這句名言出自《浮士德》最後一段，浮士德建造的理想之國雖然完成，但仍有海潮潰堤之類的風險，浮士德認為這不是大問

題，只要所有的居民全體合作，隨時提高警覺，就能化解未來可能發生的危險。因此他說：「要每天每日去開拓生活和自由，然後才能夠做自由與生活的享受。」即說明了，只要人人懷抱著天天有所為的精神，就能夠在這片自由的土地上自由地生活。

智慧小語

　　為追求理想而努力的人生，擁有溫暖陽光灌注般的活力。

11

> 她那在男人的統治下長期屈辱地低著的頭，終
> 於抬了起來。
>
> ——喬治‧桑《奧拉斯》（法國作家，1804-1876）

《奧拉斯》是十九世紀法國女作家喬治‧桑的主要作品之
一，內容藉由敘述法學院畢業生奧拉斯與瑪特的愛情故事，揭發
當時法國上流社會的虛偽與陰暗面。由於小說裡闡述了當時社會
的黑暗面，許多人讀了故事之後，不由地對喬治‧桑產生敵意，
因為他們從書中某個負面角色中認出了自己。

平民奧拉斯在一間咖啡館遇見老闆娘瑪特，兩人一見傾心。
於是，奧拉斯帶著瑪特逃離丈夫的虐待，在外租屋同居。只是，
現實畢竟是殘酷的，沒有收入的兩人最後被房東下了逐客令。瑪
特為了維持兩人的生活只好出去打工，可是奧拉斯不切實際的自
尊心卻屢屢刺傷瑪特的心。最後，瑪特懷著身孕獨自離開。

奧拉斯並沒有因為瑪特的離去而反省，在一次刻意的會面
中，奧拉斯遇見上流社會的子爵夫人萊歐妮，兩人互相欺騙，都
想在愛情的遊戲中取勝。朋友識破子爵夫人的驕傲與虛偽，力勸
奧拉斯：「她是一個演員，當你和她一塊兒走進後台時，你便要
倒楣了。」

奧拉斯不為所動，依舊沉迷在愛情的鬥爭中。相反地，瑪特

帶著孩子遇見了同鄉的男子阿思納，阿思納眞情待她，接受她的孩子與一切。身無分文的兩人努力工作，阿思納的認眞讓他得到上司的拔擢，當上劇院的總管，瑪特也被聘任爲正式的演員。瑪特從此不需要再依靠男人，「她那在男人的統治下長期屈辱地低著的頭，終於抬了起來。」這句話就出自於此段。

　　就在阿思納和瑪特開拓幸福人生的當下，奧拉斯卻被上流社會排擠，他失去愛情、金錢與聲譽，還被貴族們嘲弄。想靠攀附權貴一步登天的奧拉斯，至此嘗到了人生的苦果；而瑪特靠著自我的努力，尋找到了自己生命的意義。

智慧小語

　　經濟獨立、從事自己愛好的工作，的確能提昇一個人的自信心，也無怪乎瑪特的心中會湧出一股甜蜜的自豪了。

12

> 小王子存在的證明，就是他好可愛、他微笑著、他想要一隻綿羊。當一個人想要一隻綿羊，就成為他存在的證明。
>
> ——聖修伯里《小王子》(法國作家、飛行員，1900-1944)

《小王子》這本書應該沒有人不知道吧？這本書的價值就在於——無論是剛剛學會識字的小朋友、青春洋溢的年輕人、衝刺事業的中壯年人，或者是白髮蒼蒼的老年人都適合閱讀。而且在每一個人生階段閱讀它，都能有不同的生命體悟。

故事內容敘述一個來自外太空的小男孩與一位飛行員在沙漠中邂逅，共同經歷一段生命對話的過程。「小王子存在的證明，就是他好可愛、他微笑著、他想要一隻綿羊。當一個人想要一隻綿羊，就成為他存在的證明。」這段話是飛行員暗自揣測小男孩來自 B612 號行星時的想法。

飛行員認為，人們總是需要聽到「明確」的說明，比方說：「幾歲啦？體重多少啦？有多少收入啦？」才能夠「肯定」一個人的存在，倘若你只是說「他喜歡什麼、他蒐集蝴蝶、他家的屋頂上有鴿子……」之類的描述，人們恐怕會聳聳肩，把你看成一個幼稚的小孩。

可惜這個世界上大部份的人，都屬於「肯定數字派」，能夠

真正珍惜「事物本質之美」的人少之又少。漸漸地，人們也就趨向於以數字來證明自我本身存在的價值，自我否定與內心空虛的人便越來越多了。

智慧小語

　　如果我告訴你：「我看見一間玫瑰色紅磚蓋成的房子，窗子裡有天竺葵，屋頂上有鴿子……」或者「啊！這房子價值數千萬耶！」哪一種說法能夠讓你看見房子的美麗呢？

13

他將來會死的，不必要旁人留心，如同一枝蠟燭一樣。

——莫泊桑《老人》（法國作家，1850-1893）

《老人》是「世界短篇小說之王」莫泊桑的作品，故事內容敘述一位年邁的老人於將死未死之際，其周遭的親友表現出來的冷漠態度，那種理所當然的漠然，讀來讓人心驚。

農莊裡，一個老人虛弱地躺在床上，口中發出一陣陣微弱地喘息聲。「看樣子，他是等不到夜裡了。」老人的女婿同妻子說道。兩人站在床邊不住地嘀咕，一邊抱怨等待老人死去的這段時間會耽誤農田裡的工作，一邊商量如何辦理老人的身後事。女婿說道：「他將來會死的，不必要旁人留心，如同一枝蠟燭一樣。」

於是，夫妻兩人決定在星期六舉行葬禮。先生先出門去通知親友老人過世的消息，妻子則留在家中準備招待客人的食物。怎知，星期六當天客人們都來參加葬禮了，老人卻未死亡。夫妻倆尷尬極了，連忙拿出食物與蘋果酒來招待客人，客人們開心地吃喝起來，一面高聲談笑。

突然，一道尖銳的報喪聲傳來，「他死了！」眾人互相注視，低頭、有點不自在，心中想著的是：「東西還沒吃完呢！」

　　於是，老人的葬禮被延後兩天。客人們滿意地離開──因為星期一又可以白吃一頓。老人的女兒向丈夫埋怨：「又要再準備一次吃的，如果爸爸能夠在昨天晚上歸西就好了。」

　　「這大概不是每天都要再做的事！」丈夫安慰她。

　　老人活到了這把年歲，他曾經存在的價值何在？他是否留下某種生命軌跡？從老人的親人與朋友身上，實在讓人看不出個所以然來。

智慧小語

　　人的生命的確如一根燃燒的蠟燭，總有燃成灰燼的一日，身體也不過是一具皮囊，想通這一點，就能夠比較輕鬆地面對死亡吧！

14

　　她忍讓，她那種忍讓類似冷漠，正如同死亡類似睡眠。

——雨果《悲慘世界》（法國作家，1802-1885）

　　《悲慘世界》是法國大文豪雨果於一八六二年發表的長篇小說，內容敘述一位貧困失業的工人為飢餓的姪兒們偷麵包，卻被關進監獄十九年，出獄後受困於當時嚴酷的社會道德標準，因而引發一連串悲慘的事件。故事內容揭發下層社會人物生活的艱困與辛酸。

　　故事中有一位名叫芳丁的年輕女人，十五歲時接受一個紈袴子弟的追求因而懷孕。被愛人拋棄的芳丁將孩子生下，委託給一間小旅館的女主人，自己獨自前往都市工作。旅館主人與妻子並沒有好好照顧芳丁的女兒，他們把年僅五歲的小女孩當做僕人役使，讓她吃不飽、穿不暖，瘦得一雙眼睛顯得特別大，每天天還未亮就得起身去清掃街道。

　　為了應付旅館主人不斷地來信勒索，芳丁努力地工作。工廠的女工們見芳丁常常寫信到鄉下去，便在她的背後竊竊私語，且暗自查探她的過往。最後，人們過度的好奇心化成一把利斧，剖開芳丁不堪回首的過去，她被解雇並欠下一筆可觀的債務。走投無路的她變賣了自己的頭髮、門牙，甚至淪落為妓女，想盡辦法

掙錢以養活女兒。

「她忍讓，她那種忍讓類似冷漠，正如同死亡類似睡眠。」說的就是芳丁在受盡生命中的折磨之後，變得宛如木石般冷漠的心境，就像雨果說的：「人世間最大的幸福，就是心中深信為人所愛。」芳丁雖然被現實無情地摧殘著，但因為心中保有對女兒的愛，在她逐漸凋零的生命中，或許仍能感覺到一點點殘存的幸福吧！

智慧小語

　　貧窮一旦來臨，飢寒交迫的身體恐怕無法去細想生命的意義，但因為有愛，生命便肯定了它存在的價值。

15

> 孤獨，孤獨，無止境的孤獨，我一個人孤獨地
> 在一片汪洋上。

—— 柯立芝〈古水手之歌〉（英國詩人，1772-1834）

〈古水手之歌〉是英國浪漫主義詩人柯立芝所寫的長詩，內容描述一位年輕人在參加婚禮的途中，被一位神祕的老人攔住去路，老人以炯炯有神的目光震懾住他，使他不自覺地停下腳步，專心聆聽老人講述一段奇特的航海經歷。

這段經歷不但左右了老人的一生，也改變了年輕人的思想，使他變得更加成熟與沉穩，對生命有了全新的認識。

詩中的故事內容帶著中古情調與神祕色彩，其深刻的主題貫通全詩，「人常常會犯下一些非理智所能夠解釋的罪行，而事後，使人痛苦的往往不是法律上的懲罰，而是自我良心的譴責」，作者透過老水手的贖罪過程，說明了「唯有愛，才能化解一切罪惡」的中心思想。

詩中主角——老人，當他年輕的時候，曾經在一艘船上當過水手。有一次航海時，他用十字弓射下了一隻信天翁，這舉動給全船的同伴帶來了厄運；船隻不但陷在寂靜海無法前進，炙熱的陽光更不斷地照射在船員們身上，讓他們幾乎窒息。可是，還有更糟的事——可怕的死神出現了，它奪走所有船員的魂魄，獨留

下老人。

　　老人痛苦萬分，他眼睜睜地看著夥伴們倒在甲板上，成了一具具的死屍，船員們臨死前望向他的目光，似乎帶著強烈的恨意與詛咒，但他卻死不了！此時，他覺得「孤獨，孤獨，無止境的孤獨，我一個人孤獨地在一片汪洋上。沒有天使聖者來悲憐我這受苦的靈魂。」

　　雖然，最後主角因為真心向神懺悔而獲救，但為了彌補他曾經犯下的錯誤，他必須不斷地向人講述自己年輕時的故事，藉此得到靈魂的救贖。

智慧小語

　　貪戀一時的歡快，忽視他人的感受，終有一天，孤獨會變成你的代名詞。

16

　　亞歷山大死亡；亞歷山大埋葬；亞歷山大化做
塵土；塵土變成為爛泥；那麼，為何亞歷山大變成
的爛泥不會被人家拿去塞在啤酒桶的桶口上？

　　　　　——莎士比亞（英國詩人、劇作家，1564-1616）

　　莎士比亞出生於英國中部的斯特拉福鎮，他的父親是一位手
套商人，同時從事農務。莎士比亞年紀還很小的時候，經常跑到
鎮上去看劇團表演；這些劇團大都是從倫敦過來的表演團體，他
們帶來的演出啟發了莎士比亞對戲劇的喜好。

　　二十六歲時，莎士比亞從演員的身份一躍為劇本創作者。他
先把舊的劇作拿來改編，之後再從事新的創作，出色的作品使他
的身份改變，讓他成為演員、劇作家與劇團的股東。

　　數百年來，莎士比亞的作品被翻譯成世界各國的語言，他的
劇作也在劇院不斷地上演著；有人說，除了聖經，莎士比亞的作
品被翻譯成最多種語言。英國作家卡萊爾也曾經讚美莎士比亞，
說他是「古往今來所有詩人的領袖，是世界有紀錄以來最偉大的
智者。」

　　莎士比亞在文壇上的崇高地位無人質疑，他所創作的作品深
具普遍性與永久性，且深入人心。因此，他僅憑著簡單的一句：
「亞歷山大死亡；亞歷山大埋葬；亞歷山大化做塵土；塵土變成

為爛泥；那麼，為何亞歷山大變成的爛泥不會被人家拿去塞在啤酒桶的桶口上？」便明確道出亞歷山大大帝的生命價值。

亞歷山大大帝年僅二十歲便登上王位，成為馬其頓國王。之後，他更以豐富的軍事經驗親自帶領軍隊遠征波斯。二十四歲時，他攻下加沙，被埃及人封為法老和神靈，接著陸續降服整個伊朗東部並挺進中亞。亞歷山大除了擴展版圖，並將希臘與波斯文化融合在一起，使希臘文明與中東文明之間產生密切接觸，從而豐富了這兩種文化。

因此，一樣是死亡，一樣是化做塵土、爛泥，為什麼亞歷山大化做的爛泥不會被人拿去塞啤酒桶的桶口？很容易就能知道答案了。

智慧小語

活著時沒法成為亞歷山大大帝那樣的人也沒關係，因為死後就算是化做普通的塵土，也能供給花草樹木養分，讓大自然變得更美麗。

名人軼事

相較於亞歷山大大帝的頌詞，讚美莎士比亞的詞句更是不勝枚舉。每年前去莎士比亞墓前朝聖的人群如潮水一般，讓我們看看一代戲劇大師的墓碑上刻著什麼：「看在上帝的面子上，請勿亂動我的墳地；妄動我墳者將受詛咒，保護我墳者將得祝福。」

17

> 或許人都是棄兒，生下來就等於是被神拋棄到
> 這紅塵世俗上。
>
> ——川端康成《古都》（日本作家，1899-1972）

一九六八年日本作家川端康成以作品《雪國》、《千羽鶴》、《古都》獲頒諾貝爾文學獎，為日本第一位獲得此殊榮的作家。他的作品被翻譯成多國文字，他的作品中包含著日本獨特的美學觀點，獲得相當高的評價。

川端康成七月喪父，一歲多喪母，之後祖母與唯一的姐姐也在他十歲之前先後去世，一連串的死亡讓川端康成有孑然一身的孤兒意識，因此在他的作品中，常會呈現一種漂泊的旅人情懷，《古都》即為一例。

《古都》描寫一位名叫千重子的獨生女，從小備受父母的寵愛與呵護。長大後，母親對她說出身世的祕密，她才知道自己原來並不是和服店的千金小姐，她真正的身份是一個棄嬰。

知道自己身世的千重子感到莫名的不安與憂愁，常常不自覺地想著棄兒這件事。一日，她與朋友去欣賞櫻花，片片飄落的櫻花花瓣觸動她的憂愁，於是她向朋友告白自己是棄嬰的事情。朋友雖然無法置信，但仍安慰她：「妳感覺自己像個棄兒嗎？有時我也會這麼覺得……那是一種說不出來的感覺。或許人都是棄

兒，生下來就等於是被神拋棄到這紅塵世俗上。」

之後，在偶然的機會裡，千重子遇見了自己的雙胞胎妹妹，一開始，千重子排斥與她相認，因為內心中她仍無法接受自己是個孤兒，她害怕、恐懼，不知該如何面對現實。從小過著獨立生活的妹妹體諒她，為了避免給千重子帶來煩惱，總是偷偷地在無人的地方與她見面。

最後，千重子雖然克服了內心的不安與恐懼，想要接妹妹同住，但囿於兩種截然不同的成長背景，妹妹拒絕了她，這內心無法言喻的遺憾，與美麗的京都交織成淡淡的憂愁。

智慧小語

　　無論是感情多麼深厚的親人和朋友，終有一日仍須與他們分別，或許，每個人真的都是上天的棄兒，生命中注定要有一段孤獨的歲月。

18

> 生命的價值不在於能夠活多少天，而在於如何
> 去善用每一天。一個人可能活得長壽但是過得貧
> 乏。
>
> ——蒙田（法國思想家、散文家，1533-1592）

蒙田誕生於法國南部的佩里戈爾，此地是法國知名的歷史與文化所在。他的祖先從事商業貿易賺了不少錢，因此當蒙田誕生的時候，家中已小有一些田產，甚至有一座城堡。這座取名蒙田城堡的某個角落，就是蒙田創作著名作品《隨筆集》的所在。

蒙田為十六世紀文藝復興的代表作家，其散文《隨筆集》留傳至今仍具有相當的影響力；有人說，蒙田是活在古代的現代人，因為他的作品現在讀來仍令人尊崇。

蒙田以懷疑主義和人文主義著稱，他曾經說過一句名言：「世事一無所知」，指出對外在世界要抱持懷疑，但對自我內在的要求卻必須直截了當，人必須了解自己且對每件事都要有主見。因此，蒙田也說過《隨筆集》就是以他自己為寫作的材料。

一五八〇年《隨筆集》一、二卷出版，一五八七年第三卷出版，從此廣為流傳，深受歡迎。此部書內容包羅萬象，蒙田以深入的觀察、豐富的知識與對自我勇敢的剖析，為世人留下了不朽的著作，深深影響了英法文學的發展。後世的思想家尼采、笛卡

兒、盧梭……等，也受到其獨特思想的影響。

　　人往往活到七、八十歲，才驚覺時間消逝如水，回頭審視這數十年的過往，竟想不起能夠讓自己驕傲、珍惜、不捨與回味無窮的事情。「啊——如果可以重來一遍就好了！我一定會做得更好。」雖然很想這樣，可惜人生無法重來，因此，更應該充分利用剩下的每一天，讓自己闔上眼睛之時不再空留遺憾。

智慧小語

　　活在當下，就能善用每一天。因為每一個時刻都能切切實實、誠誠懇懇地活著，怎麼還會有浪費生命的機會呢？

名人軼事

　　蒙田曾經遠離家園到外地旅行將近一年半的時間，許多人對於他獨自前去旅行，留下妻子和女兒待在蒙田城堡的作為頗有意見。據說，蒙田之所以要出外旅行是有其不得不的原因。

　　因為蒙田同他的父親一樣，都患有腎結石的毛病，疼痛常使他感到相當不舒服，但吃了醫生開的藥卻沒有顯著的效果。因此，他才會想藉由到各處旅行泡溫泉的方式來治病。結果如何？答案恐怕仍是否定的。

　　雖然蒙田身體的病沒治好，但他這段旅行的經歷卻成了《隨筆集》第三卷的素材，豐富了他的創作內容。

19

　　我做的事並不是壞事，因為不做便要餓死，沒法子才做的呀！

——芥川龍之介《羅生門》（日本作家，1892-1927）

　　《羅生門》取材自日本古典文學作品《今昔物語》，描述一位被解雇的家僕，在面對飢餓與良知時，內心的掙扎。帶有利己主義的思想。

　　故事中的人物只有兩人——家僕與老婆婆。某天傍晚，一位剛被主人解雇的僕人來到羅生門躲雨，他的內心徬徨無助，茫無頭緒的未來比眼前的滂沱大雨更令他心煩。「如果不當盜賊便要餓死」的想法在他的內心不斷盤旋，但是良知提醒他「不可以」。

　　家僕為了尋找一處過夜的地方來到羅生門樓上，驚見被拋擲在此地的多具屍體之中，竟有一位活著的老婆婆在拔死人的頭髮。基於內心的道德感，他正義凜然地喝止老婆婆的行為。

　　老婆婆向他解釋：「我拔死人的頭髮的確不道德，但這些躺在這裡的人生前並不全是好人，他們也做了很多壞事。像我現在拔她頭髮的這個女人，生前常常把蛇切成四段曬乾，假裝是魚乾拿去賣。……我並不覺得她做的事有多壞，因為如果不這樣做，她便要餓死。同樣地，我做的事並不是壞事，因為不做便要餓

死，沒法子才做的呀！⋯⋯」

家僕聽了老婆婆的一番話，突然想明白了一些道理，他凶狠地脫掉老婆婆身上的衣服，並用腳把她踹到屍體堆上，說道：「那麼──我搶去妳的衣服妳也別怨我，因為如果我不這樣做，便會餓死。」之後，他就拿著衣服揚長而去，消失在漆黑的夜色中。

當「活下去」成了生活唯一的目標，就不用去談何謂「生命的意義」了！

智慧小語

當下迫於無奈做出的惡事，日後極可能成為譴責良心的夢魘。

20

> 她必須從事物中得到切身的利益，凡是無法提
> 供她宣洩情感的，便被她視作無用之物。
>
> ——福婁拜《包法利夫人》(法國作家，1821-1880)

福婁拜是法國著名的現實主義小說家，他花了五年的時間完成長篇小說《包法利夫人》，獲得許多青年作家的愛戴，莫泊桑也是其中之一。

書中主角愛瑪是一位生長在農村的姑娘，十三歲時被父親送到修道院讀書。每個月到修道院工作的女人帶進來愛情小說，愛瑪接觸到這些愛情故事之後，深受影響，沉迷於其中浪漫的場景與情節，爲她日後的不幸福婚姻埋下伏筆。

當愛瑪在修道院讀書的時候，便常常陷入自己營造出來的浪漫感傷氛圍，「她太熟悉田野了！她懂得擠奶房、犁和牛羊的叫聲，看慣靜謐的事物，所以反過來追求刺激的東西。她愛海只爲其中的驚濤駭浪，她愛青草只因其遍生於廢墟之間。她必須從事物中得到切身的利益，凡是無法提供她宣洩情感的，便被她視作無用之物。」此段話即出自愛瑪求學階段時的描寫。

沉溺在虛幻故事中的愛瑪無法滿足於平淡的婚姻生活，醫生丈夫查理雖然極盡所能地討好她，卻無法供給她浪漫的養分。於是，愛瑪愛上情場老手羅道夫，體驗了書中的風花雪月，但轟轟

烈烈的戀愛在愛瑪提出私奔的要求中畫下句點，羅道夫棄她而去，讓她傷心欲絕。

之後，萊昂出現化解了愛瑪的哀傷。為了供給情人與自己愛情的開銷，愛瑪不斷借錢，最後終於因為債台高築吞砒霜自盡。這結果，也算是符合她努力追求的愛情小說般的結局吧！

智慧小語

分不清現實與想像，便體會不出平凡中的美；但如果能夠隨著自己的欲望任性活一場，這人生也算是暢快淋漓囉！

21

人很難知道他自己的生活中什麼是有意義的，
當然也不應該以此去打擾別人。

——愛因斯坦（德國物理學家，1879-1955）

人類有一個共同的喜好，就是「好為人師」。多數人認為自己的人生閱歷豐富，或者學識淵博，再不然就是腦袋比別人聰明，因此希望別人以自己的想法為依歸。「照我說的去做準沒錯！」他們喜歡這樣說，但是，真的「準沒錯」嗎？

愛因斯坦可以說是二十世紀最偉大的科學家，也是有史以來最卓越的知識份子，對於他所發明的東西，他說：「我也沒有把握我的理論是否正確。也許有一天，一些小小事實的發現，就足以證明我的錯誤。」

對於他最知名的相對論，愛因斯坦則表示：「雖然我無法用邏輯的方法來證明，但我深信有絕對的真理存在；如果沒有絕對的真理，也就不會有相對的真理了。」他謙虛地面對自己的發明，並以一顆單純而善良的心面對所有的人。因此，他會說出：「人很難知道他自己的生活中什麼是有意義的，當然也不應該以此去打擾別人。」這段話也就變得理所當然了。

愛因斯坦認為，人類之所以活在世界上，都是為了別人的緣故。但這並不是說要去干涉別人的生活，而是指那些給我們微笑

與幸福，使我們感到快樂的人，我們要爲了那些人而活著。追求心靈的眞、善、美，要比花費大量時間去探索「人爲什麼要存在的理由以及生命到底有沒有意義」要來得有意思多了。

智慧小語

　　可以給意見、可以給關心，但不要過度干涉他人的生活。

22

女人結婚之後把自己關在家裡，並非毫無遺
憾。當她是小姑娘的時候，她擁有整個大地、整片
森林。如今，她被侷限在一個有限的空間，大自然
縮小到只剩下幾個盆栽；牆壁阻斷了她的視野。

——西蒙‧波娃《第二性》（法國作家，1908-1986）

《第二性》是法國最傑出的女性作家西蒙‧波娃的作品，內
容全面性地探討女性在社會上所扮演的角色。被譽爲「有史以來
討論女人最全面、最理智，且充滿智慧的一本書。」

在描述關於結婚之後女人的處境方面，西蒙‧波娃說道：
「女人結婚之後把自己關在家裡，並非毫無遺憾。當她是小姑娘
的時候，她擁有整個大地、整片森林。如今，她被侷限在一個有
限的空間，大自然縮小到只剩下幾個盆栽；牆壁阻斷了她的視
野。」因此，她會藉由布置家裡來營造自己的天地，家成了世界
的中心，還可能是唯一的現實。

這可能是舊時大部份專職家庭主婦的共同困境，步入婚姻之
後，與外界的聯繫便縮小到家庭與跟家人生活相關的事物上。她
們做著永無止境的家事，日以繼夜，不斷不斷重複洗碗、烘衣、
拖地……等工作。這些工作雖然讓她們每天忙碌不已，但當她們
拖著疲憊不堪的身體上床休息時，卻無法生出成就感來。於是，

她們便把希望寄託在孩子身上。

　　現代的家庭主婦漸漸跳脫傳統的桎梏，由於教育的普及與媒體資訊的發達，她們開始走出家門，藉由接觸人群、報名參加各種公共課程與活動來吸收外界的新知。因此，家不再是她唯一的宇宙，由於她走出去「做」了一些什麼，她便找到了自己的價值。

智慧小語

　　現今社會女性的自主性雖然提高了，但由於背負著傳統社會長久以來的巨大包袱，若說要做到男女真正的平等，仍有很長的一段路要走。

23

生命總不會在我們認為適當的時刻給予我們所需要的事物。生活的奇遇雖然會發生，但不會定時發生。

——佛斯特《印度之旅》（英國文學家，1879-1970）

佛斯特是與勞倫斯齊名的二十世紀英國傑出小說家，他的作品《印度之旅》、《窗外有藍天》、《此情可問天》與《墨利斯的情人》都曾經拍成電影，具有相當大的知名度。他的演講集《小說面面觀》（1927）也被譽為二十世紀分析小說藝術最傑出的作品之一，成為許多教師的教學材料。

佛斯特拜訪過印度兩次，對於印度有深刻的瞭解，對印度當地的居民更充滿真摯的情感，因此對於英國在印度的殖民主義作風，他感到相當不滿。

在醞釀了十四年之後，佛斯特於一九二四年完成了其代表作《印度之旅》。《印度之旅》是一本論及殖民情結的小說，探討英國人與印度人之間在相互瞭解過程中所遭受到的困難。

書中一段描述主角摩爾夫人與何德雷小姐剛從英國來到印度。因為何德雷小姐的個性相當敏感而特殊，所以當她見到眼前的印度景象與她想像中的有一大段差距之際，她的內心不禁湧現出失望的情緒。

於是，何德雷小姐同領她到印度來的摩爾夫人說道：「我想要看看眞實的印度！」

摩爾夫人雖然也覺得這兒的生活有些乏味，但因爲她的年紀較大，生活閱歷比較豐富，因此她能夠了解「生命總不會在我們認爲適當的時刻給予我們所需要的事物。生活的奇遇雖然會發生，但不會定時發生。」因此，她只能用言語安慰何德雷小姐，並眞心祝福她能夠達成心中所願。

何德雷小姐最終見識到了眞實的印度嗎？事實可能是模糊而相反的。佛斯特以其細膩與富於人情味的筆調向讀者訴說著殖民者與被殖民者之間亟欲了解卻困難重重的無奈，並探討其中的可能性，值得人們細細思索。

如果生命能夠在我們需要的時刻，適時供給我們需要的事物，這樣的生活眞是快樂又舒適呀！可惜，現實恰好相反。當我們想達成某個目標的時候，還是踏踏實實地去努力追求吧！

智慧小語

生命雖然不會時時刻刻提供我們所需，但有時來點意外的驚喜，反而讓人更懂得感恩。

24

誰能說我播下的小種子，經過他人的照顧成長
之後，不會長成一棵大樹呢？

——高更《諾亞·諾亞》（法國畫家，1848-1903）

一八九一年，高更帶著賣畫籌得的款項搭船離開法國，準備
前往大溪地定居。因為他相信，自己的藝術生涯仍只是一粒種
子，必須埋在原始而肥沃的土地裡，才能發芽與開花結果。於
是，帶著朋友的祝福，他乘船往太平洋航行。

大溪地是法國的殖民地，但尚未經過開發。高更來到這裡，
立刻愛上綿延無盡的原始海岸與樹林，當地人的純樸天真也深深
吸引著他。於是，在來到大溪地不久，他便完成了〈進餐〉、
〈拿花的女人〉、〈拿斧頭的男人〉……等等畫作，為其藝術生
涯中非常重要的作品。

高更一生四處遷移，從童年時的祕魯、法國；青年期先加入
商船當水手，航行海上，接著跟隨艦隊參加普法戰爭；一八八四
年移居哥本哈根經商；一八八八年與梵谷同居在阿爾；之後更有
大溪地、馬太亞，直至馬貴斯群島等等。揭示高更極富冒險性與
行動力的性格，也因為如此，他才能創造出與眾不同的獨特作
品。

對於高更畫作上大膽的布局與誇張鮮豔的色彩，當時的評論

家兼具批評與讚美，有人喜歡他創新的畫法，有人則認為他的作品俗氣呆板。面對外界傳來的批評聲，高更並不在乎，他說：「總有一天，人們會明瞭我在藝術上的價值。我堅定地相信自己是正確的，他人的稱讚或侮蔑，對我不具任何意義！」

在高更生命將盡的那年，他寫信給朋友說道：「……誰能說我播下的小種子，經過他人的照顧成長之後，不會長成一棵大樹呢？」貧病交迫的高更最終死於心臟病，而他的畫作則名揚後世，讓他和梵谷、塞尚一塊兒被稱為「後印象派」三巨頭。

智慧小語

　　高更的成功來自其對自我信念的堅持，大多數的人雖然也懷有過理想，卻很少堅持到底，因此成為「凡走過，卻無痕跡」的一員。

25

成為地獄的主宰，遠勝淪為天堂的奴僕。

——米爾頓《失樂園》（英國詩人，1608-1674）

大文豪莎士比亞逝世前八年，英國誕生了一位傑出的作家，那就是米爾頓，堪稱為十七世紀英國最偉大的宗教詩人。

米爾頓的父親是一位白手起家的代書，專門幫人撰寫狀紙、公證、收放款等；因為生意不錯，累積了相當的財富。因此，米爾頓能夠受到極佳的教育；除了學校教育，父親還幫他找來家庭教師，學習義大利文、法文與音樂等多門學問。

自劍橋大學畢業之後，父親供給米爾頓一切生活所需，讓他專心地從事古典文學的研究。一六三八年，米爾頓先後至巴黎、義大利等地旅遊，親身感受古典詩歌發源地。

除了是一位著名詩人，米爾頓還受聘為國務會議的外文祕書，翻譯重要的文件。一六五二年米爾頓的眼睛失明，接著他所擁護的政權失利，這些打擊讓他進入最重要的晚期創作階段，《失樂園》即屬此階段的三大詩作之一。

作品內容描述天使統領因為嫉妒基督的地位超越自己，因此召集了一群天使發動叛變，但是他失敗了！被基督打落地獄。之後，他自稱撒旦，喚醒擁護者們一塊兒在地獄打造惡魔宮殿。

撒旦墜落地獄之後，面對烈焰沖天、宛若巨大熔爐的險惡環

境，他的內心悲憤不已，發誓要報仇。「……成為地獄的主宰，遠勝淪為天堂的奴僕。」這句話正出自他和部屬的談話。從這段話裡，我們不難看出他憤怒的情緒。

為了達成復仇的心願，撒旦想出一個好辦法。他無畏艱困的路程，長途跋涉來到上帝創造的新世界——伊甸園；並利用蛇的外形接近人類，引誘人類始祖亞當和夏娃犯下偷吃禁果的罪行。

人類觸犯禁令被趕出了伊甸園，開始得面對危險自行謀生。最終，人類必須以堅貞的信仰來求得救贖。撒旦成功了嗎？不，他非但報不了仇，還跟他的黨羽們淪入更黑暗的深淵裡。

智慧小語

為了安慰自己受傷的心靈與維護自尊，人常常會說出一些言不由衷的話語。

名人軼事

米爾頓在劍橋大學就讀時，由於他生得非常英俊，加上他嚴謹自持的生活態度，因此曾有「基督學院淑女」（The Lady of Christ's）的封號，一度讓他相當不滿。

但有著這種綽號的米爾頓卻曾經多次發表文章，主張離婚的合法性，這可能與他第一次婚姻的失敗有關，但這在當時保守的社會是不被允許的，因此他受到相當嚴厲的撻伐與批評呢！

26

　呵！黃昏，期待著你的那些人伸出手臂，坦承道：「我們又工作了一日。」黃昏撫慰了那些遭煩悶吞噬的心靈；那些勤奮不倦鑽研學問的學者；還有那些腰酸背痛回到床鋪的勞動者。

　　──波特萊爾《惡之華》之〈暮靄〉（法國詩人，1821-1867）

　波特萊爾是十九世紀法國文壇中最引人爭議的詩人，他所創作的詩集《惡之華》不為同時代的人所理解，不但遭到查禁、罰款，還引來許多嘲笑與攻訐。

　外界的惡意攻擊未曾減去波特萊爾對創作的熱情，雖然過著困窘的生活且疾病纏身，他仍持續不斷地創作。一些文學大師相當欣賞他的作品，如法國大文豪雨果就曾在寫給波特萊爾的信中說道：「你賦予藝術的天空一道人所未知的陰森光芒，你創造了一種新的顫慄。」

　《惡之華》為波特萊爾的代表作，在書中他寫道：「我寫下自己全部的思想，全部的心靈，以及全部的信仰和憎恨。」他認為：「我不認為一種美的典型不具痛楚。」只有宣揚人生煩擾、滿足個人感官享受的藝術，才算美和真的藝術。因此，他的詩作中處處充滿著悲觀、苦悶與憂鬱的情緒。

　〈暮靄〉是《惡之華》中的一篇，全詩展現出夜幕低垂時充

塞在城市角落裡的黑暗歡樂，娼妓、賭博、酒館，在黃昏來臨時亮起燈來。而那些辛苦工作了一整天的人們，則帶著滿身的疲憊迎接夜晚的降臨，在他們坦承地說出「我們又工作了一日」的話語中，讓人嗅到了一絲淡淡憂鬱與存在的虛無感。

智慧小語

美的東西不盡然全都帶著善意，就像摧毀房舍的無情大火，雖然奪去了人們的生命與財產，但那熊熊的火焰看起來卻是那樣的美麗。

27

> 我們不是為長眠之人效力，過去的已經過去了。
>
> ——伊麗莎白·巴萊特（英國詩人，1806-1861）

伊麗莎白·巴萊特是英國文壇著名的女詩人，她創作的四十四首愛情詩《葡萄牙人十四行詩》，跟她的人生經歷一樣精彩，且得到世人的注目。

她出生於富裕的家庭，十三歲時，父親便將她的作品複印成書加以出版。十五歲時從馬上墜落，嚴重影響了她的身體；雖然她的健康不佳，但她仍能博覽群書，除了能夠閱讀希伯來語的聖經，希臘文版的荷馬史詩也難不倒她。

三十九歲那年，詩人羅伯特·白朗寧寫了一封信給伊麗莎白·巴萊特。兩人相約見面之後隨即墜入情網，一八四六年，兩人不顧伊麗莎白·巴萊特父親的反對，悄悄結婚，婚後並移居義大利。夫妻兩人相扶相持共同創作，出版了許多精彩的作品。

伊麗莎白·巴萊特認為，尊重過往的傳統雖然是必須的，但不能因為這樣而忽略了現實的情況。因此在她的作品中，我們看見她對現實社會的關注，「我們不是為長眠之人效力，過去的已經過去了。」這句話即出自伊麗莎白·巴萊特所寫的《圭迪公寓的窗子》，此書出版於一八五一年，對於義大利的民族解放運動

有很深的關注。

英國知名作家維吉尼亞‧吳爾芙給予伊麗莎白‧巴萊特很高的評價，說她是那個時代真正的女兒。當代女權評論家也說她的《奧羅拉‧麗》是「女權主義者肯定自我的作品」，更說她是「所有英國與美國現代女詩人的祖母」。由此可知，她在追求女權運動方面也是相當努力的。

智慧小語

無論過去多麼輝煌，都無法提供現實最直接的幫助，唯有當下的思考與關注，才有希望解決當代人面臨的困境。歷史不能忘記，但也不要耽溺。

28

> 小孩，對於人生天真的見解，就像羅盤一般向他倆揭示，他們離開自己明明知道、卻又不願意知道的正確航向有多麼遠。

——托爾斯泰《安娜‧卡列妮娜》（俄國文學家，1828-1910）

托爾斯泰為十九世紀俄國的偉大文學家，他的作品生動地反映了當時俄國社會各個階層的生活。他雖然出生在貴族家庭，卻相當厭惡上流社會的奢靡風氣，其一生致力於改善平民的生活。

《安娜‧卡列妮娜》與《戰爭與和平》是托爾斯泰的兩大傑出作品，杜斯妥也夫斯基稱讚《安娜‧卡列妮娜》為「完美的藝術」。此書藉由女主角安娜的外遇事件與另一主角列文的婚姻故事交叉呈現，巧妙地描繪了貴族社會紙醉金迷的社交生活與農村農民樸實的生活態度。

安娜搭火車前往哥哥家中拜訪，下車時巧遇年輕帥氣的軍官佛羅倫斯基。安娜優雅迷人的笑容讓佛羅倫斯基一見傾心，而佛羅倫斯基對安娜流露出來的傾慕，則挑起安娜積壓於內心深處的熱情。

隨著佛羅倫斯基越來越積極的表白，安娜終於不可遏抑地愛上他，雖然丈夫明白地告誡她不可離佛羅倫斯基太近，安娜仍然無所顧忌地與情人見面。

　　對於外遇，唯一的阻礙是安娜的兒子，因為孩子，她遲遲無法做出離婚的決定。「小孩，對於人生天真的見解，就像羅盤一般向他倆揭示，他們離開自己明明知道、卻又不願意知道的正確航向有多麼遠。」這句話就是在描寫安娜與情人在孩子面前相見時，內心湧起的罪惡感。

　　最後，安娜拋棄丈夫與家庭，跟佛羅倫斯基一塊兒私奔到國外。但熱情終有轉淡的一天，兩人回到國內，面對外界不斷批評的聲浪與撻伐，安娜最終走上臥軌自殺的命運。

智慧小語

　　孩子是最乾淨的一面鏡子，從他們身上，我們能夠瞧見自己最真實的面貌。

29

如果人不能吃自己想吃的東西，那麼活著還有
什麼意思？

——毛姆〈減肥〉（英國小說家、劇作家，1874-1965）

毛姆是誕生於法國巴黎的英國名小說家，他不但是一位知名
的小說家，還具有外科醫師的資格。他的作品生動洗鍊、常用喜
劇的方式表達，吸引了許多讀者。一九六一年，毛姆與歷史學家
湯恩比和文學家佛斯特同時獲得英國皇家文學勳位。長篇小說
《人性枷鎖》更讓他聲名遠播。

〈減肥〉是毛姆一百多篇短篇小說中的一篇，故事內容敘述
三位同樣為了肥胖煩惱的女子，因求助同一位減肥醫生而相互認
識，進而結交為好朋友的故事。

三個女人各有各的特色，一個是個子很大的雷曼太太、一個
是開朗的沙萊太太、另一個則是喜歡做男性打扮的賀孫小姐。三
人個性雖然不盡相同，但胖嘟嘟的身材倒是相當一致。她們原本
開開心心地住在一塊兒努力減肥，卻因為一位瘦女人的加入而變
調。

雷曼太太是一個挺可愛的角色，她相當滿意於自己有錢的寡
婦生活，因此在一年裡總有十一個月任意地大啖著美食，直到最
後一個月才去找減肥醫生幫忙減肥。醫生非常反對她的做法，她

則委屈地說：「如果人不能吃自己想吃的東西，那麼活著還有什麼意思？」從這裡我們就可以明白雷曼太太為什麼一直瘦不下來囉！

　　一天，賀孫小姐邀請表嫂麗娜來當三人的牌搭子。麗娜又瘦、牌技又好，常常無視於眼前三位減肥中女士的需求，自個兒大吃大喝，把三位胖女士氣得牙癢癢……。因為心裡的煩悶無處宣洩，導致三人竟產生敵意，互相攻訐。最後，麗娜終於離開，瀕臨分裂的三位好友也在破戒大吃一頓高熱量的食物中恢復了昔日友誼。

智慧小語

　　慾望得不到滿足往往會生出心病來，有時適度地拋棄執念，人才能活得自在輕鬆一些。

30

再也沒有什麼事情可以做了，今天如此，明日亦然，一生都將這樣。她模糊地意識到在不斷地幻滅之中，自己的夢想已然遠去。

——莫泊桑《她的一生》(法國作家，1850-1893)

十九世紀的法國文壇，莫泊桑與左拉齊名，他的著作非常豐富，曾被譽爲短篇小說之王。《包法利夫人》的作者福婁拜與他交情甚深，時常指導提拔他，當莫泊桑住在巴黎的時候，便經常到福婁拜的沙龍去，在那裡結識了很多知名的作家，並創作了許多作品。

《她的一生》是莫泊桑的第一部長篇小說，出版後廣受女性讀者歡迎，成爲當時的暢銷書。故事內容描述女子珍娜一生的經歷。文筆簡潔，生動刻劃了珍娜令人同情的婚姻生活與養兒不孝的悲苦境遇。俄國大文豪托爾斯泰更曾將此書稱爲莫泊桑「無可比擬的優秀作品」。

個性純真的珍娜自小接受家人的安排，住在修道院裡讀書。離開修道院之後，巧遇英俊的男子朱利安。珍娜懷抱著浪漫的少女情懷，與朱利安談戀愛，之後更一頭栽進愛情的漩渦，嫁給了朱利安。

婚後，珍娜發現當初浪漫多情的朱利安並不如想像中的完

美，他有時態度輕慢，有時更顯得小氣霸道。珍娜原本埋藏在象牙塔裡的心靈，這才漸漸體會到生活的陰暗面，她失望、沮喪，無法承受這突如其來的現實人生。

不甚愉快的蜜月旅行結束之後，珍娜與丈夫回到父母為他倆準備的居所，面對這熟悉的地方，珍娜感到一股茫然與空洞，她那一段富於幻想的少女時代，那無數晨昏編織成的美麗未來，如今只剩下平淡似水的日常生活。

於是，她的心哀嘆著：再也沒有什麼事情可以做了，今天如此，明日亦然，一生都將這樣。她模糊地意識到在不斷地幻滅之中，自己的夢想已然遠去。

美夢逝去，隨之而來的是人生更殘酷的衝擊。珍娜不但親眼撞見自己的貼身女侍躺在丈夫床上，還得幫他們處理生下來的私生子；之後，丈夫又與伯爵夫人外遇，珍娜默默忍受，最後朱利安死在妒火中燒的伯爵手中。

珍娜失去丈夫，她把所有的情感寄託在兒子身上。但是過度的溺愛讓兒子變成一個浪蕩子，不但和妓女私奔，還寫信不斷地向珍娜索討金錢。年老的珍娜靠著女侍的幫助勉強度日，內心的孤獨讓她像十六歲時那樣，在心中編織起無數美麗的幻想。末了，因為孫女的出現，終於使她日漸冷卻的心溫暖起來：「這是一道生命的溫暖，穿透衣服，達到她的雙腿，鑽進她的肉裡去了⋯⋯」

智慧小語

　　愛護子女是每一個人的天性，但過度保護有時反而會害了子女，因為他們一旦離開父母構築的象牙塔，常常因為無法面對現實生活而產生逃避的想法，輕則個性自私、不負責任；重則自殺、逃避生存。就像珍娜從小被父母送進遠離現實的修道院，使她活在自己的幻夢中，看了幾本愛情小說，就以為人生該是如此，結果一踏進真實生活便只能摔得渾身是傷。

人生的眞相

If winter comes, can spring be far behind?
～ Percy Bysshe Shelley

01

　　沒有比鈔票更棒的東西了，鈔票不用吃飯、僅占很少的空間，而且非常容易就能放入口袋。如果將它們往地上丟，也不用擔心它們會爆炸。

──果戈里〈鼻子〉（俄國作家，1819-1852）

　　果戈里是俄國的諷刺作家，他善於以貼近大眾的語言，揭露高官達人們醜陋的嘴臉，以及描寫低下階層人物生活的無奈與辛酸。讀者在閱讀他的作品時，時常是看的時候一邊笑罵著，看完時卻有種想哭的憂鬱情緒。

　　〈鼻子〉是果戈里最廣為人知的短篇作品，內容描述一位理髮師有天早上起床的時候，突然在他的麵包裡發現一個鼻子，他從鼻子的特徵中認出鼻子的主人是一位名叫科瓦列夫的小官員；在此同時，科瓦列夫也從鏡子中發現自己的鼻子不見了！

　　理髮師嚇呆了，他把鼻子包在一塊布裡，出門尋找可以丟棄鼻子的地方。科瓦列夫也被自己失去鼻子的外表嚇壞了，他拿衣服蓋住臉，匆忙外出尋找自己遺失的鼻子。故事在兩相交錯中進行，間接描繪了當時官員們自抬身價的荒謬情事。

　　故事當中有一段說到科瓦列夫前去拜訪督察長，想尋求他的協助。但他來的不是時候，督察長正想睡覺呢！於是他得到的只是督察長一頓冷嘲熱諷。他自覺督察長的話語嚴重地侮辱到他的

社會地位與階級，於是心中滿懷怨恨地離開。「沒有比鈔票更棒的東西了，鈔票不用吃飯、僅占很少的空間，而且非常容易就能放入口袋。如果將它們往地上丟，也不用擔心它們會爆炸。」這是督察長常常掛在嘴邊的一句話，可以想見其為人是多麼地貪婪。

最後，警察撿到理髮師丟到橋下的鼻子，並送回給科瓦列夫。然後，就在一天早上，鼻子忽然回到了原來的地方——科瓦列夫的臉上。一切又回到原本的生活，科瓦列夫繼續自吹自擂、四處抬高自己的身價；理髮師則繼續幫客人理頭髮，就像什麼都沒有發生過。除了一個荒謬的傳言，說一個官員的鼻子突然出走之類……

智慧小語

對呀！真的是沒有比鈔票更好的東西，誰不想痛痛快快地花錢呢？不過，可別為了賺錢，就把自己的人生變成一個終日追逐金錢的戰場。彈盡援絕時，只能渾身病痛地望鈔興嘆，這是多麼不划算的一種投資呀！

02

當朋友開始恭維你看起來還年輕時，你可以確信自己已經變老囉！

——華盛頓‧歐文（美國文學家，1783-1859）

一八五九年十一月二十八日，一位傑出作家的過世讓紐約降下半旗，這位讓美國人民尊敬、並真心哀悼他的離去的作家，就是華盛頓‧歐文。

被尊稱為「美國文學之父」的華盛頓‧歐文出生於紐約的富商家庭，從小就喜歡閱讀英國文學作品，雖然曾經遵從父命至律師事務所學習法律，但最終仍回歸文學，專心從事文學的創作。一八〇九年，他的第一本著作《紐約外史》出版，作品內容幽默風趣，呈現了美國的民族特色，讓他成為紐約的知名人物。在《紐約外史》一書出版之前，美國雖然已經獨立三十多年，但在文學的創作方面依然擺脫不了英國文學的束縛。直到華盛頓‧歐文寫出《紐約外史》，它的題材以美國為主，對於美國民族文學的發展具有重大的意義。

一八一五年，華盛頓‧歐文至英國遊歷之後寫出了著名的作品《見聞札記》，以他特有的幽默筆調寫出帶有浪漫色彩的英國與美國古老的風俗與舊社會人物的善良淳樸，內容包含散文、小說與感想等共三十二篇。此作品奠定了華盛頓‧歐文在美國文學

史上的地位。

　　《李伯大夢》為華盛頓‧歐文最廣為人知的作品，主題與中國小說唐朝李公佐的《南柯一夢》類似，皆在訴說人生宛如夢境一般地虛幻，很多事情到頭來皆為空歡喜一場，藉此來諷喻當時許多過度憧憬美國大夢的人。主題鮮明、故事情節曲折有趣，深受世界各國讀者的歡迎。這部作品也讓華盛頓‧歐文一躍成為美國第一位深具國際聲名的作家。

　　「當朋友開始恭維你看起來還年輕時，你可以確信自己已經變老囉！」從這句話中我們就能感覺到華盛頓‧歐文的幽默。

　　沒有人會去讚美一個年紀很輕的人「看起來」年輕吧？因為那根本是多此一舉，年輕人本來就年紀輕輕呀！可是，相反地，當人們對一位不怎麼年輕的人說出「看起來」相當年輕的讚美時，表示這個被讚美的人應該是有點年紀了。因為這樣，這句恭維的話才真正具有「讚美」的意義哩！

智慧小語

　　年紀或外表變老都沒有關係，重要的是時時保持一顆年輕的心，才能對生活充滿高度的熱忱。

名人軼事

　　紐約州的哈德遜河畔有一棟知名的建築，每年吸引成千上百的遊客到此來休憩，享受茶香與悠閒的午後。這棟建築到底有何魅力？其實它就是《斷頭谷》作者華盛頓‧歐文的故居。

　　很多人都讀過華盛頓‧歐文的文學作品，他為華盛頓所寫的傳記至今仍有許多人閱讀。可是叱吒文壇與政壇的華盛頓‧歐文卻終生未娶，位於哈德遜河畔的這間房子是他中年時與哥哥和五個姪女共同居住的地方，簡單素雅的室內擺設，讓人深深地感受到一代名人樸實的生活情調。

03

　　從今天開始，我不再一味地相信大多數人所說
的話；也不再一味地同意書本裡的論點。所有的事
情我都要用自己的腦子想一想，把真正的道理找出
來。

　　　　　——易卜生《玩偶之家》（挪威劇作家，1828-1906）

　　《玩偶之家》一直是女性主義者最常拿來討論的劇作。它是
挪威「現代戲劇之父」易卜生的創作，說的是一位名叫娜拉的女
性，長年依循社會規範——遵從父命、以夫為天，過著單純而愜
意的日子。一天，因為一件貸款事件，讓她看清楚甜蜜生活下覆
蓋的醜陋面，因而喚醒她內心的自主意識。

　　娜拉一直是丈夫的「小鳥兒」，整天開心地繞著丈夫轉呀
轉，她細心地照顧孩子、整理家務，滿懷喜悅地過著幸福的日
子。但好景不常，有一天，娜拉的先生害了一場重病，醫生診療
之後強烈建議娜拉要讓先生到南部去靜養。

　　但這趟旅行必須花費大筆的金錢，以娜拉一家的財務狀況根
本不允許，加上丈夫非常痛恨借貸的行為，因此娜拉幾乎束手無
策。但是，為了要救丈夫的性命，娜拉決定偷偷地瞞著丈夫向銀
行借款，當時的婦女是不能借款的，因此娜拉只能冒名簽下契
約，也因此留下落人口實的把柄。

　　娜拉省吃儉用，一面熬夜做些抄寫文件的工作，花了好長一段日子終於把借貸的錢全都給還清了。娜拉開心地向閨中好友陳述自己的聰明，怎知後來事情竟起了變化。丈夫接下銀行的工作，開除了當初借錢給娜拉的職員。職員挾怨報復，將娜拉冒名借款的事情告訴她的先生。

　　娜拉的先生暴跳如雷，他大聲咒罵娜拉損害了自己的名譽，甚至說她遺傳了她父親所有的壞德性，是個品性極差的壞女人。就在這一瞬間，讓娜拉感到甜蜜溫馨的家庭徹底崩塌了，丈夫的愛竟是如此單薄，原來她只是先生手心裡的一個玩偶罷了。

　　後來，娜拉的好友出面解決了難題。丈夫知道事情解決之後鬆了一口氣，態度又變得溫柔多情，不斷對娜拉訴說情話。娜拉悲憤地對丈夫說：「從今天開始，我不再一味地相信大多數人所說的話；也不再一味地同意書本裡的論點。所有的事情我都要用自己的腦子想一想，把真正的道理找出來。」甜言蜜語再也無法矇蔽娜拉的自我，她離開玩偶之家，重新面對真實的人生。

智慧小語

　　男人喜歡女人卻不想花時間去了解她的想法，這跟豢養一隻寵物有什麼分別？女人如果喜歡沉醉在當寵物的氛圍裡，就別在飽受委屈之後對男人大喊：「喂！請尊重我，我要照自己的想法過生活！」

　　誰叫妳不培養獨立思考與經濟能力，只想當男人的寵物呢？

04

　　本來一直稱呼她為「夫人」，現在卻簡單地稱呼她「小姐」了，誰也不知道這是為了什麼，彷彿她從前在評價中爬到了某種地位，而現在，人們卻都想要把她從那種地位拉下一級似的，使她明白自己的地位是羞恥的。

——莫泊桑《脂肪球》（法國作家，1850-1893）

　　莫泊桑為法國知名作家，一八七○年，普法戰爭爆發，莫泊桑被徵召入伍，親身經驗了一場慘痛的戰爭。因此，莫泊桑在寫作《脂肪球》這篇以戰爭為背景的小說時，更具有深刻的感染力，讓人體會到戰爭的殘酷與人性的自私陰暗面。

　　脂肪球是故事中的主角，她是一個身材豐滿的妓女。戰爭期間，敵國兵士即將占領脂肪球所居住的城市盧昂。因為厭惡被敵軍統治，脂肪球搭上離開盧昂的馬車，準備逃到別的地方去。馬車上，同行的旅客盡是一些有錢人與高官們，另外還有兩位修女。

　　剛開始的時候，大家自認身份高貴都離脂肪球遠遠地。後來在脂肪球好心地提供大家餐點充飢之後，人們的態度才漸趨和緩，願意同她聊聊天。心情大好的脂肪球慷慨激昂地發表了一段愛國言論，贏得眾人的好感，願意待她和善些。

　　一行人來到敵國兵士設下的關卡，檢查過眾人的身份之後，脂肪球被敵國的長官傳喚，要求她陪自己過上一夜。脂肪球憤怒極了！她不願意自己的愛國情操被踐踏，因此堅定地回絕了。

　　一連幾天的停滯，不滿的情緒在人們心中漸漸流轉開來，「這本來就是她的職業！但她卻裝模作樣起來！」、「該死的東西」……人們在背後尖刻地批評著她。

　　「本來一直稱呼她為『夫人』，現在卻簡單地稱呼她『小姐』了，誰也不知道這是為了什麼，彷彿她從前在評價中爬到了某種地位，而現在，人們卻都想要把她從那種地位拉下一級似的，使她明白自己的地位是羞恥的。」書中這段話表現了大家對她不友善的態度。

　　最後，眾人用「愛國者」、「自我犧牲」……等觀念，說服脂肪球前去陪伴敵軍軍官。當晚，在脂肪球的犧牲下，大家終於能夠平安地離開了。但脂肪球得到了什麼？她雖然犧牲了自己，換來的卻是眾人冷漠的對待。她委屈的眼淚，竟也因眾人鄙視的目光而變成一種恥辱了。

智慧小語

　　犧牲自己、委屈求全，真能得到圓滿的人生嗎？有時只想得到一點別人的尊重，結果不是被視為理所當然，就是被嘲笑是個傻瓜。有時應該堅持的理念就要堅持，人生是自己的，要為自己而活。

05

當一個人認為自己稍稍優過對方時，他們的友
誼就能繼續存在。

——巴爾扎克（法國作家，1799-1850）

英國小說家毛姆在他的《世界十大小說家及其十大著作》
中，最推崇的小說家為法國的巴爾扎克。巴爾扎克的父親為一名
律師，因此十八歲那年巴爾扎克在父親的安排下學習法律，曾在
巴黎的律師事務所擔任見習生，也當過幾年的公證人書記。但他
最終仍走向最愛的文學創作。

巴爾扎克一生勤於寫作，他規定自己一天至少要寫作十二個
小時，因此，他靠著喝咖啡提神，有時甚至工作長達十八個小
時。一八三四年，巴爾扎克開始撰寫小說《高老頭》，並計劃創
作出一系列描繪十九世紀法國社會史的小說，總稱《人間喜
劇》。

結果，《人間喜劇》裡共有兩千多個人物登場，分別代表著
法國各個階層的人物，此部小說集中，長、短篇共有九十篇。巴
爾扎克知名的作品還包括《幽谷的百合花》、《貝特堂姊》……
等。

由於母親對他的態度冷淡，巴爾扎克少年時相當孤獨，他對
母愛的渴求，表現在他跟年長他二十多歲的貝爾妮夫人的戀情上

頭。《幽谷的百合花》中的主角莫爾梭伯爵夫人，正是貝爾妮夫人的化身。

晚年時，巴爾扎克與相戀十多年的波蘭女子伊薇麗娜結婚，幸福的日子不過五個月，《人間喜劇》也還未完成，他便因肺病與心臟病發過世，享年五十一歲。

「當一個人認為自己稍稍優過對方時，他們的友誼就能繼續存在。」巴爾扎克的這句話，一針見血地道出友誼的現實面。

的確，無論在智識、財力或外貌上，與一位略遜於自己的朋友交往，比跟一位凡事贏過自己的人做朋友要來得自在多了。

智慧小語

因為「比較心」，人才會活得不快樂，若能拋卻凡事比較的心理，自然不會感受到交友有何壓力，反而能夠學習對方的優點，讓自己更加成長。

06

　　那盞綠色的燈，以往在他的心中占著一席不可
思議的重要地位，而今，卻永遠地消失了。

　　　　——費滋傑羅《大亨小傳》（美國小說家，1896-1940）

　　費滋傑羅是美國近代著名的小說家。他的人生如同其作品一般，充滿戲劇性。一九二五年，《大亨小傳》出版，故事生動描繪了主角蓋茨比一生的起落，他的追求與失落、成功與失敗，剛好貼切地呈現出第二次世界大戰後，美國青年人的生命特質。因此，作品得到了眾多讀者情感上的認同。費滋傑羅年僅四十四歲便因心臟病過逝，但他留下的精彩作品，仍讓他的名字躍登美國二十世紀知名小說家的行列。

　　《大亨小傳》的主角蓋茨比是一位痴情的男子，當他年輕的時候與活潑美麗的黛西談了一場短暫的戀愛。身為軍官的他因為隨著軍隊遠征海外，阻隔了他與黛西的愛情。當他再度歸來的時候，發現黛西已經嫁給富有的體育家湯姆。

　　為了黛西，蓋茨比努力賺錢讓自己成為富翁，並在黛西家的碼頭對面買了一棟豪宅。他常常獨自走到岸邊，遙望著對岸黛西家碼頭上的一盞綠色的燈，把它當做是黛西的化身。蓋茨比默默凝視著，期盼終有一日能夠見到佳人。

　　機會終於來了，黛西的表哥尼克是蓋茨比的鄰居。尼克答應

蓋茨比的要求，打電話約黛西到家裡來作客。當蓋茨比懷著忐忑不安的心見到夢想中的愛人時，一度緊張地想要逃避，但思念終讓兩人突破緊張不安的情緒，連上斷了五年的情感。

蓋茨比邀請黛西與尼克參觀自己的豪宅，瀏覽過屋中的裝潢後，三人同站在窗邊，眺望雨絲落在海面的波紋。此時，蓋茨比不經意地說出：「若非霧濃，就能夠看見海灣對面妳家的房子了！妳們家的碼頭上有一盞綠色的燈，總是一直亮到天明。」這深情的話語，觸動了黛西的心靈，她伸出手來挽著蓋茨比的臂膀。

遙不可及的美夢實現了，夢想中的愛人就在自己身邊，蓋茨比卻有「那盞綠色的燈，以往在他的心中占著一席不可思議的重要地位，而今，卻永遠地消失了」的感覺，彷彿期待中的神祕事物又少了一件。

故事的結局並不如預期中的浪漫，蓋茨比因為黛西，莫名其妙地被人給殺死了。人生是現實的，蓋茨比的深情雖然令人同情，但在他死了之後，黛西還不是仍舊回到丈夫的身邊，繼續過著安逸而享樂的生活？

智慧小語

有時夢寐以求的願望實現了未必是一件好事，就像故事中的主角蓋茨比，耗費心神欲得回黛西的青睞，但卻在一場意外的車禍事件中成了代罪羔羊。原本代表著美麗夢想的那盞綠色的燈，變成了人生無法完成的追求。

07

每當他拿錢去給別人，就好像把自己的生命拿去一塊似地；而現在，這樣的給予第一次不覺得心疼。

——賽珍珠《大地》（美國作家，1892-1973）

從一九三一年至一九五○年代中期，多數美國人對於中國的印象從何而來？答案是賽珍珠寫的《大地》。賽珍珠出生於美國西維吉尼亞州的外祖父家中，三個月大時跟隨身為傳教士的父母到中國傳教，一生中有幾乎一半的時間都在中國度過，因此她的足跡遍及中國內地，對於中國農民的生活有深入的觀察。

《大地》的內容描述中國農民王龍一生的故事。生活貧困的王龍與年邁的父親相依為命，自從母親去世之後，王龍便承擔起家中的所有家務。每天早上，王龍都要燒熱水給父親喝，以減輕父親的早咳。

一天早上，王龍在給父親燒開水的時候，順便為自己燒了一些洗澡水，原來那天是他娶媳婦的日子呢！王龍掩不住內心的喜悅，不太好意思地走進大戶人家家裡，領出自己的妻子丫鬟阿蘭。從此以後，阿蘭接手了家中所有的雜務，她雖然長得一張醬黃臉，人並不漂亮，但她做起事來卻是非常認真，因此王龍也逐漸習慣有阿蘭照顧的生活。

阿蘭懷了第一胎，王龍拿錢要阿蘭去幫即將出世的孩子買些衣服、鞋子等必需品。就在他掏錢的時候，他的內心頭一次感到花錢花得相當有價值，因為這錢不是拿給別人，而是為自己的孩子買東西。「每當他拿錢去給別人，就好像把自己的生命拿去一塊似地；而現在，這樣的給予第一次不覺得心疼。」這段話即出自於此。

生老病死是人生的必經階段，每一個階段都會產生不同的成長心得。就像故事中的主角王龍，當孩子即將出生的時候，經由無私的付出，體會了身為人父的喜悅與責任，這是旁人所無法給予的感受。

因此，該結婚的時候就結婚，該生孩子的時候就生孩子，在人生的每一個階段，該做什麼就去做，千萬別因為「想太多」而失去了經歷的機會。

智慧小語

想過什麼樣的日子是個人的自由，只要年老時不感到後悔就好。只是，有誰能保證年輕時的選擇，不會是老年時的遺憾呢？因此，有時聽聽年長者的建議是不錯的選擇。

08

你以説謊為釣餌，便能夠把事情的真相誘上你的釣鉤；我們這種具有智慧的人，往往以這種旁敲側擊的方式，間接達成我們的目的。

——莎士比亞《哈姆雷特》（英國詩人、劇作家，1564-1616）

英國著名的作家卡萊爾曾經說過：「寧可丟掉一百個印度，也不願意失去一個莎士比亞。」這段話可視作英國人民的共同心聲。莎士比亞在世界文學史中的地位，足可媲美希臘的荷馬、義大利的但丁與德國的歌德。他的作品深具永久和普遍性，故事中人強烈的生命力每每感染了每一位讀者與劇迷，因此幾百年來一直深受世人所喜愛。

《哈姆雷特》為莎士比亞最優秀的悲劇作品之一，內容描述丹麥王子哈姆雷特為父報仇的故事。丹麥國王在花園睡覺的時候被毒蛇咬死了，他的弟弟不但繼承了王位並迎娶了嫂嫂。王子哈姆雷特從國外回來奔喪，面對父王的猝死與母親的無情，他感到悲傷不已。

一日，士兵告訴哈姆雷特前國王鬼魂出現於王宮露台的事情，哈姆雷特便到露台去等待父親的亡魂。鬼魂告訴哈姆雷特自己是被親弟弟毒死的，希望哈姆雷特幫他報仇。聽聞此事的哈姆雷特震驚不已，為了追查父親死亡的真相，他故作瘋癲，暗中觀

察叔父的言行。

「你以說謊爲釣餌，便能夠把事情的眞相誘上你的釣鉤；我們這種具有智慧的人，往往以這種旁敲側擊的方式，間接達成我們的目的。」這段話出自哈姆雷特的戀人奧菲麗雅的父親之口。他的兒子勒替斯在巴黎留學，他派僕人送信跟錢去給兒子並交待僕人要用上述的方法探查兒子在國外的言行。他認爲直接詢問並不是得到眞相的好辦法，利用無傷大雅的小謊言，反而可以從旁人的口中獲得眞正的情報。

爲了報仇，哈姆雷特不但冷漠地對待情人奧菲麗雅，刺傷她單純無瑕的心靈；並且在與王后的一場談話中，誤殺了她的父親。奧菲麗雅在遭受到雙重打擊的情況下發瘋了，並且掉入水潭溺死。她在國外留學的哥哥勒替斯知道之後趕回丹麥，爲了替父親與妹妹報仇，決定與哈姆雷特展開一場生死決鬥。

最後，勒替斯與新丹麥國王皆死於哈姆雷特劍下，王后死於毒酒，哈姆雷特也死於勒替斯抹在劍上的毒藥。仇是報了，卻是犧牲許多人的性命得來的。

智慧小語

人生有很多事情是不能點明著講的，因爲可能會在無意間傷害別人；因此，適度地變更説話的方式，用旁敲側擊的方法去得到答案，也是一個不錯的選擇。

09

> 人們匆忙地走過，沒有人去注意他的苦惱。他
> 的悲傷毫無止境，倘若他的心破裂，悲傷從裡頭湧
> 出來，它將覆蓋整個地球，然而依舊沒有人會看
> 見。

——契訶夫〈悲〉（俄國作家，1860-1904）

契訶夫的作品對於俄國文學與戲劇的發展有著極顯著的影響，他的短篇小說也在世界文壇享有崇高的地位。在他筆下，人物性格生動凸出，不但勾勒了當時俄國百姓的生活面相，也道出了人類共同的情緒。因此契訶夫的作品能夠跨越過國境，獲得世界各國讀者的共鳴。

〈悲〉是契訶夫的短篇小說，描寫一位剛剛喪子的馬車夫內心悲痛卻無處訴說的悲慘故事。馬車夫艾爾納的兒子死了，他駕著馬車停在白雪紛飛的街道，想藉忙碌來忘卻內心的悲傷。不幸的是，今晚他的生意並不好。

終於，有一位穿著綠色大衣的軍官上車了。艾爾納心神不寧地駕駛馬車，差點撞上路人，馬車裡傳來一陣叫罵。無視於軍官的咒罵聲，艾爾納急於吐露內心的傷痛，但軍官寧願閉目養神也不願聽他吐露心聲。

第二趟，來了三個年輕人。三人在馬車裡吵吵鬧鬧，同樣也

沒有人願意聽馬車夫說話。當所有的乘客離開，艾爾納再度被孤寂包圍，他的悲傷又重新湧上心頭，使他痛苦萬分。

「人們匆忙地走過，沒有人去注意他的苦惱。他的悲傷毫無止境，倘若他的心破裂，悲傷從裡頭湧出來，它將覆蓋整個地球，然而依舊沒有人會看見。」這段文章描寫的就是艾爾納當下的心情。

艾爾納的兒子死了一個星期了，卻沒有任何人聽他講這件事，因此，他的悲傷只能放在心中無處宣洩，這是多麼冷漠的世界呀！最後，他只能對著自己的馬，喃喃訴說著兒子死去的經過。

智慧小語

　　對陌生人適度地釋出善意，看見別人的憂傷眼神時說點兒好聽的話語，雖然這些都只是我們人生路上的小插曲，卻很可能在無意間撫慰了一位失意人的心靈。

10

在人世上活個二十年，覺得活在世上真好；活
到二十五年，才了悟人生的明暗一如表裡——日光
照處也有陰影；三十歲的今天來看——欣喜越多，
憂傷也隨之越深；快樂越大，苦處也隨之越強。

——夏目漱石《草枕》（日本作家，1867-1916）

夏目漱石原名夏目金之助，從小便學習漢文，二十三歲時進
入東京帝國大學讀書，成績卓越。三十三歲那年，曾赴英國留學
兩年，專攻英國文學。因此，夏目漱石具備了豐富深厚的文學素
養，讓他成為日本文壇上的知名作家。

夏目漱石雖然享有日本國民作家的美譽，但他的童年生活過
得並不是很快樂。自出生後，他便經常被寄養在別人家；兩歲時
跟著養父母過著四處遷徙的日子，直到十歲才回到自己親生父母
的家。

父親與兄長對他並不友善，甚至對於他以文學為志向的思想
相當反感，因此，夏目漱石在十九歲時便離開家，在外過著寄宿
的生活。這些不愉快的童年記憶深深影響著夏目漱石的創作，他
作品中的主角便經常會有「渴求親情溫暖」的情緒表現，如：
《少爺》、《三四郎》等。

「在人世上活個二十年，覺得活在世上真好；活到二十五

年，才了悟人生的明暗一如表裡——日光照處也有陰影；三十歲的今天來看——欣喜越多，憂傷也隨之越深；快樂越大，苦處也隨之越強。」這段話出自夏目漱石發表於一九○六年的作品《草枕》中，透露出作者對於人生的看法。讓人看清了人生的痛苦面，但也在其中得到心有戚戚焉的感動。

智慧小語

　　人生是由一齣齣戲劇構築起來的，童年時是喜劇、卡通劇，青少年時是浪漫劇、愛情劇；中壯年期壓力大了、責任多了，演出的是一場場寫實劇、社會劇；再來，就要看各人在演出時是否盡心，才能決定老年時是以喜劇謝幕，或者以悲劇收場囉！

11

冬天到了，春天還會遠嗎？

——雪萊《西風頌》（英國詩人， 1792-1822）

　　雪萊是十九世紀英國的浪漫詩人，為英國浪漫主義最高藝術的完成者。他出生於古老的貴族家庭，自小即接受各種教育——法文、拉丁文、希臘文與自然科學等。雪萊生性崇尚自由，於伊頓中學唸書時便反對老師們對學生施行體罰；一八一○年進入牛津大學就讀後，更發表〈無神論的必然性〉的觀點，和好友在校園四處倡導「無神論」，因此被學校開除。

　　離開學校之後，雪萊投身社會改革運動，一八一二年，他到愛爾蘭去鼓吹當地人民起來反抗英國的統治，結果失敗。返回英國之後他提筆創作，寫了許多反宗教、戰爭與暴力統治的詩作，引起統治階層的仇視。因此，他拋棄前妻與倡導無神論的行徑被人拿來大做文章，使他不得不離開英國。

　　在義大利定居的日子，雪萊和拜倫往來頻繁，與濟慈也有聯繫。在一八一八年到一八二二年這段期間，雪萊創作旺盛，許多著名的詩篇都在這一段日子完成。他以長篇詩作揭露了政治的黑暗面，但他的作品中也有許多抒情短詩，如《西風頌》、《雲雀歌》等等，皆為膾炙人口之作。

　　「冬天到了，春天還會遠嗎？」出自《西風頌》末句，全詩

描述西風吹起時的大地景象，並藉西風暗喻己身的傲氣與不羈，
詩末則以春天不遠來做總結，流露出作者樂觀主義的傾向，爲雪
萊最好的短詩作品之一。

智慧小語

　　遇到挫折的時候，這句話可以提供我們面對困難的勇氣，
「冬天到了，春天還會遠嗎？」同樣地，當最深沉的悲痛已經領
受，快樂也即將到來！轉個念頭，心情便豁然開朗。

12

　　人永遠沒有辦法真正地改變生活。每個人的生活方式都是一樣好，我現在的生活方式就很適合我。

——卡繆《異鄉人》(法國作家，1913-1964)

　　卡繆生於北非阿爾及利亞康斯坦丁省的孟多維村，父親死於戰爭，從小在母親與祖母的照顧下生活，日子過得相當貧困。但他所居住的環境擁有極為豐富的大自然美景，因此，他雖然在窮苦的環境中成長，心靈卻能感受到生命的喜悅。

　　《異鄉人》是卡繆存在主義思想的著名作品之一，發表於一九四〇年。內容敘述一位名叫穆爾索的年輕男子，對生活裡的任何事情都以「無所謂」的態度去面對，結果這種「冷眼看世事」的生命態度卻讓他走向死亡。

　　「人永遠沒有辦法真正地改變生活。每個人的生活方式都是一樣好，我現在的生活方式就很適合我。」這句話出自本書卷一第五節，為穆爾索對他的老闆說的一段話。穆爾索的老闆打算派他到巴黎去工作，於是問他「改變生活」對他是否具有吸引力。穆爾索想不出任何理由需要「改變生活」，於是如此回答，鮮明地呈現出他凡事皆「無所謂」的性格特徵。

　　穆爾索的母親死了，他向老闆請了兩天假去養老院辦喪事。

面對母親的死亡，穆爾索並沒有太多的情緒，反而是養老院裡的老人們，爲他母親的死悲泣不已。因此，一滴眼淚不流，又在守喪時抽煙、喝咖啡的穆爾索，就被視作是一個冷漠的人。

一天，穆爾索的鄰居雷蒙邀請他到海邊渡假，穆爾索帶著女朋友一塊前往。但兩個與雷蒙有過節的阿拉伯人尾隨他們到海邊，其中一個拿刀刺傷了雷蒙。爲了防止雷蒙過於衝動開槍傷人，穆爾索好意地幫他保管了一把手槍，沒想到自己卻在無意間扣下扳機，殺死了阿拉伯人。

穆爾索被關進監牢，一開始喪失自由與不能抽煙讓他心煩了一陣子，但不久後他就適應了，而且還發明了一種「回憶遊戲」來打發冗長的時間，對於日子，他並沒有多想，每天似乎都是同樣的一天，他也從來不後悔自己做過的事。因此，當他被帶到法庭應訊時，心中也沒有多大的情緒，他甚至覺得法庭的喧囂聲像極小鎮上的聯誼廳，音樂演奏完畢後，就成了跳舞的場所。

最後，在檢察官強烈的指責下，他成了一個「毫無人性情感」的冷漠殺手，必須被判處死刑以端正社會風氣。面對即將來到的死亡，穆爾索曾因神父的到來而情緒激動，他高聲咆哮著：「所有的人都註定有一天要死……那麼，所有的一切又有什麼關係？……」

但當穆爾索的心情平靜下來之後，他又釋懷了，面對監牢窗外閃爍的星空，他的心開朗起來，準備好讓生命完全重新開始。

13

生氣不如爭氣，對於不公平的事，一定要極力
爭取。

——雨果（法國作家，1802-1885）

雨果爲法國浪漫主義的中心人物，在詩歌、戲劇、小說等方
面均有相當大的成就。雨果的父親是拿破崙軍隊裡的一名軍官，
他從小就跟著父親四處奔波，到過義大利、西班牙與瑞士等等國
家，對他日後的創作有很大的影響。

雨果年紀很輕的時候便立志當一名文學家，他十四歲的時候
就開始寫作，十五歲得到法蘭西學院的獎賞。十七歲時，雨果在
與兩個哥哥合辦的月刊中擔任主要撰稿人，且印行了自己的詩
集。

一八二七年，雨果發表長篇歷史劇《克倫威爾》，此劇的序
言提到古典戲劇三一律中的問題，讓他成爲主導法國青年浪漫主
義的重要人物。一八三〇年，雨果的劇本《歐那妮》上演之後，
浪漫派便凌駕了古典派。

雨果對於政治具有高度的熱忱，曾經擔任上議院議員。一八
五一年拿破崙三世稱帝，雨果親自率領民兵起來反抗，結果失敗
而被放逐國外長達十九年的時間。這段時間，雨果在英吉利海峽
的群島間生活，創作了許多詩歌與小說，《懲罰集》出自此階

段，內容在以詩歌的形式嘲諷拿破崙三世。另外，世界知名的長篇小說《悲慘世界》也是在這個時候完成的。

　　一八七○年拿破崙為德軍所俘，雨果回到祖國的懷抱，立即加入巴黎人民的抗敵行動。雨果於一八八五年去世時，法國以國葬的禮儀將其葬在先賢祠，此地為許多法國偉大人物的長眠之地。當送葬的隊伍前往先賢祠之時，有一百多萬名法國民眾圍在路邊為他送行，深切表達他們的哀悼。

　　為什麼雨果能夠為法國人民所尊敬？除了他出色的文學作品，另外，就像他說過的：「生氣不如爭氣，對於不公平的事，一定要極力爭取。」雨果一生積極投入社會為民眾謀求幸福的理想，著實感動了許許多多的人。

智慧小語

　　生氣、退縮無法解決問題，如果放任不公平的事情發生而不去管它，很可能會從這件事牽引出更多不公平的事情。

14

> 我們以理性領會的知識，要比我們用感官所領
> 會的更為真實。
>
> ——柏拉圖（古希臘哲學家，西元前 427-西元前 347）

柏拉圖出生於雅典一個貴族家庭，自幼受到良好的教育，一生撰寫了三十六本著作。柏拉圖的學說為西方政治哲學的起點，同時也是許多道德觀點與形而上學的奠基者，因此被視為西方思想之父之一。

除了良好家庭教育的薰陶，與亦師亦友的大哲學家蘇格拉底的結識，更為柏拉圖的思想帶來深遠的影響。當蘇格拉底被政府指控其學說腐蝕雅典青年的思想，並處以死刑的時候，柏拉圖受到相當大的刺激，使他對當時的政治環境、法典習俗等均感到相當失望。於是他離開雅典，到埃及、西西里等地遊歷了近十年的時間。

西元前三八七年，柏拉圖回到雅典創立了一所學園，希望培養具有哲學頭腦的優秀政治人才。課程包括算術、幾何、天文學與聲學，他認為：數學研究可以培養人的思維能力。因此，哲學家與治理國家的人必須具備數學方面的素養。此學園在數學教育方面取得了極大的成功，並存在約九百多年的時間，直到查士丁尼大帝將其關閉為止。

在探討數學的觀念中，柏拉圖認為：「宇宙間的天體以至於萬物都是按照數學的規律來設計的。依賴感官所感覺的世界乃是混亂的，只有通過數學才能夠領悟世界的實質。」他並在作品《理想國》中舉例說明：不懂哲學者以感官感覺到的只是牆上的影子，而哲學家則能夠在真理的陽光下看到外部的事物。因此，他說：「我們以理性領會的知識，要比我們用感官所領會的更為真實。」

柏拉圖一面教書，一面從事哲學著述。他的主要著作以對話的形式流傳下來，不但對話人物性格鮮明，場景也相當生動有趣，具有高度的哲學性與文學性。公元前三四七年，柏拉圖以八十歲高齡去世，他在《理想國》中締造的一幅美麗烏托邦畫面，至今仍是許多人的理想。

智慧小語

理性主義者說：「人類的心靈是所有知識的基礎。」經驗主義者則認為：「人類對世界的瞭解都是從感官而來。」你覺得呢？

15

> 生命可以成為一連串漫長黯淡的掙扎──僅僅
> 為求得維生所需的溫飽。

> ──卡森・麥克勒絲《小酒館的悲歌》（美國作家，1917-1967）

卡森・麥克勒絲出生於美國喬治亞州哥倫布市，原名魯拉・
卡森・史密斯。從小學習音樂的她，個性害羞而內向，身體狀況
也不好，長大後，曾以女侍、打字員、鋼琴演奏等工作為生。

一九四〇年，二十三歲的麥克勒絲出版了她第一部小說《心
是寂寞的獵人》（_The Heart is a Lonely Hunter_），為她贏得「美國
最有才氣的新生代作家」與「南方孕育出的最優秀散文家」的讚
譽。她的作品多以殘疾人士為主角，以身體的缺陷表達人們精神
上的孤寂，與對愛的渴求。

《小酒館的悲歌》也是一部以殘疾人士為主角的小說，內容
敘述美國南方的一個小鎮中，一間小酒館興起與衰敗的故事。

一天夜裡，一位駝背的陌生男子萊蒙來到艾米利亞小姐家門
前，不安地介紹完自己的身份之後，便坐在階梯上大哭起來。鎮
上的人都不明白，為何平日小氣無情的艾米利亞小姐竟會收留這
個自稱她表弟的駝子，而且還開了一家酒館讓他經營。

不管真相如何，鎮上開了一家酒館總是好事，因為偏僻的小
鎮上除了紗廠、工人住的屋子與一間教堂，就只有幾棵桃樹與一

條冷清的街道，鎮民從紗廠下班之後幾乎無事可做。因此，到小酒館打發時間是不錯的選擇。

除了打發時間，到酒館還有一個有趣的心理因素，那就是自尊心。因為紗廠的薪水很微薄，花每一分錢都要精打細算一番，因此，「生命可以成為一連串漫長黯淡的掙扎，僅僅為求得維生所需的溫飽」，原因就在於此。上酒館可以讓人忘了「自知在世上沒什麼出息」的念頭，而且只要一分錢，所以大家一星期至少要光顧酒館一次。

艾米利亞對萊蒙表弟不但友善而且深情，除了與他聊私人的事，還常常送他禮物，家裡抽屜、銀行帳戶裡頭的錢也隨萊蒙取用。兩人平靜順遂地經營著小酒館，度過六年的時光，直到馬文·梅西出現。

馬文·梅西是艾米利亞的前夫，因為深愛艾米利亞，婚後他把所有的財產都送給妻子，但艾米利亞對他卻非常冷漠無情。因此，心碎的他離開小鎮，變成一個四處作惡的匪徒，後來被關進監牢。

萊蒙見到馬文·梅西之後，對他極為崇拜，不但老是跟在他身後，還把自己的房間讓出來給他住。艾米利亞無計可施，為了萊蒙只有處處忍讓。一天，馬文·梅西和艾米利亞大打出手，為了保護馬文·梅西，萊蒙竟然加入戰局，攻擊艾米利亞。最後，萊蒙跟著馬文·梅西離開小鎮，心碎的艾米利亞則獨自居住在已被他倆破壞殆盡的小酒館裡。

智慧小語

　　經濟不景氣的時候，這句話讀來特別有感覺。期盼國內的景氣好轉，讓更多人能夠不再為了求生不易而產生「生命是一連串漫長黯淡的掙扎」的想法。

16

但這就是生活，你剛愉快地在一個地方安定下
來，但卻又得繼續往前走。

——夏綠蒂·勃朗特《簡愛》（英國作家，*1816-1855*）

夏綠蒂·勃朗特出生於英格蘭東北部的約克郡，父親是一位
牧師，五歲的時候她的母親就去世了，她有兩個姊姊、一個弟弟
和一個妹妹，六人從小過著貧困的日子。一八四七年，夏綠蒂·
勃朗特的小說《簡愛》出版，獲得極佳的評價。內容描寫一位名
叫簡愛的女孩與農莊主人之間一段曲折的愛情故事。

簡愛是一個孤兒，她的父母在她還很小的時候便因熱病過
世，收養她的舅舅雖然對她很好，但也在收養她不久之後死了，
舅媽承擔起養育她的責任。但舅媽待她極為苛刻，與她年齡相近
的表兄妹們也經常欺負她，後來舅媽索性將她送往公益學校。

公益學校的生活環境並不好，學生們穿不暖吃不飽，幸而遇
見一位待她溫柔友善的老師坦普小姐，加上認識好朋友海倫，簡
愛逐漸習慣了公益學校清苦的生活。

畢業後，簡愛留在公益學校當了兩年老師，之後便前往一處
私人農莊擔任家庭教師的工作。農莊主人羅徹斯特愛上簡愛，兩
人決定結婚。

「但這就是生活，你剛愉快地在一個地方安定下來，但卻又

得繼續往前走。」這句話是羅徹斯特在向簡愛求婚前所說的一段話。當時，爲了避免簡愛受到傷害，羅徹斯特打算帶簡愛離開農莊。簡愛不知道羅徹斯特要結婚的對象是自己，因此依依不捨地告訴羅徹斯特自己很喜歡農莊的生活，捨不得離開。羅徹斯特不知她心裡的想法，便說了上述這段話安慰她。

但就在結婚當天，羅徹斯特被人舉發已經結過婚的事情。原來，簡愛經常在半夜聽見的淒厲叫聲，就是羅徹斯特患瘋病的妻子所發出來的。

簡愛傷心地逃離農莊，在偶然的機會中爲聖約翰兄妹所救，結果發現他們竟是自己的表兄妹。表兄聖約翰是一名牧師，希望簡愛嫁給他並跟他去印度傳教。簡愛拒絕了，因爲她的心靈深處仍然深愛著羅徹斯特。

離開農莊幾個月後，簡愛返回農莊希望再見羅徹斯特一面，但農莊卻已經變成一座廢墟。旅店老闆告訴簡愛，是羅徹斯特發瘋的妻子放火燒了農莊，她自己也從頂樓跳下來摔死了。

心急如焚的簡愛找到雙目失明並且斷了一隻手的羅徹斯特，向他表明自己願與他共度一生的決心。兩人最後結婚，簡愛終於擁有了屬於自己的幸福人生。

智慧小語

有捨有得。變動未必不好，它讓我們有機會看見更豐富的人生風景。

17

所有的動物都是平等的，但是某一種動物比其他動物更加平等。

——喬治‧歐威爾《動物農莊》（英國作家，1903-1950）

《動物農莊》是英國政治諷刺作家喬治‧歐威爾最廣為人知的一部作品，藉由農場中動物們對人類的一場叛變，諷刺蘇聯政權與批評史達林的獨裁。

老少校是農場裡一頭十二歲的雄豬，在牠死前三天，牠召集農場中所有的動物到穀倉聽牠演說。牠說：人是唯一只消費而不生產的生物。人類不斷地剝削動物，從動物身上取得好處，但動物們得到了什麼？只有有限的食物和畜欄。唯有叛亂可以讓動物們獲得自由。

豬是農場裡最聰明的動物。因此，叛亂行動由豬負責策劃指揮，其他動物並無意見。一日，動物們群起叛亂趕走了人類，得到農場的控制權。從此，在豬的領導下，動物們展開新的生活。

依據老少校的說法，領導豬制定了動物們應該遵守的七條戒律：靠兩條腿走路的是敵人、四條腿或有翅膀的是朋友、不可穿衣、不可睡床、不可喝酒、不可殺死同類及動物一律平等。

但是除了豬和狗，動物們叛亂過後的生活並沒有改善太多，反而工作越來越多，食物卻越來越少。但因為懷有「我們是自由

的」這樣美好的信念，動物們都甘於這樣的生活。

接下來的日子，領導農場動物的豬群開始學習人類的動作與生活方式，牠們不但住進人類的房子裡，還學會穿衣、睡在床上、喝酒。動物戒律一條條被修改，豬只負責指揮，不用付出勞力生產食物。最後，豬甚至學會了用兩條腿走路。豬和人已經沒什麼分別了。

動物們發現戒律被改成：「所有的動物都是平等的，但是某一種動物比其他動物更加平等。」但沒有動物敢出聲，原因是除了大部份參與過叛亂的動物已死之外，還有一群由豬培養出來的兇惡大狗在四處巡視著。

智慧小語

有時所謂的「正義」是盲目的，取代不公義的結果，往往是被壓迫者變成壓迫者。歷史不斷重複上演的同時，閱讀《動物農莊》竟有股心有戚戚焉的無奈。

18

> 童年，生命像是從遠處看去的戲院中的布景；
> 老年，布景依舊，但我們卻已站在靠近布景所在的
> 地方。

> ——叔本華（德國哲學家，1788-1860）

　　叔本華出生於德國但澤，他的父親是一位精明能幹的商人，
母親則為當時極受歡迎的通俗小說家。叔本華曾經說過：「我的
性格遺傳自父親，智慧遺傳自母親。」認識他的人也的確從他的
身上看見商人重實際與深諳世事的人格特質。儘管如此，叔本華
並沒有跟父親一樣成為一名商人，他喜歡讀書與哲學性的思考。

　　一八一三年，叔本華獲授哲學博士，出版論文《論充分理性
原則的四種根源》，內容深受康德哲學的影響。同年十一月，叔
本華回到母親身邊，但其個性的沉鬱與吹毛求疵的待人態度使他
的母親無法忍受，在一次激烈的衝突過後，叔本華忿然離開，從
此再也沒有回去見他的母親。

　　因此，叔本華在人際關係方面顯得相當孤獨，他幾乎把自己
所有的時間與精神投入《論意志與表象的世界》的創作，一八一
八年此書出版，雖然他自信滿滿，認為這本書充滿獨創的思想，
但事實是，這本書並未引起廣泛的注意。

　　由於性格上的憂鬱、多疑，叔本華與世人保持著一定的距

離。他一生的論著，皆爲《論意志與表象的世界》一書的注釋。晚年，叔本華的思想終於獲得中產階級的青睞，對後世的哲學思想也有極爲深遠的影響。

　　人生的每個不同階段皆有不同的體悟，叔本華認爲，童年時對於世界的外表（心性表象）知道的比較多，因此看見的多爲幸福美麗的一面；年齡漸長，世界內在的性質（心性本身）逐漸鮮明起來，人生黑暗殘酷的一面終將讓人覺醒。就像戲院中的布景，從遠處看是美麗的，但隨著腳步逐漸往前邁進，布景上的缺點也就越看越明顯了。

智慧小語

　　年輕人常常經由外在世界提供的印象來做決定，老年人則以思想來決定行動。

19

　　突然，我覺得自己能用不同的眼光去看這些不幸的人。由於一種奇蹟，我心中所有的憎恨都消失了。

　　　　——杜斯妥也夫斯基〈農夫馬瑞〉（俄國作家，1821-1881）

　　杜斯妥也夫斯基是十九世紀俄國的知名作家，他出生於莫斯科，父親是莫斯科聖瑪利醫院的外科醫生，晚年時因為待農奴過度苛刻，加上長期酗酒，被農人刺死於田莊裡。當時，杜斯妥也夫斯基仍在聖彼德堡讀中學，父親的死在他心中刻上難以抹滅的記憶。

　　一八四六年，杜斯妥也夫斯基的第一部小說《窮人》出版，描寫一位抄寫員對窮苦少女的迷戀，忠實地刻劃出書中人物所處的社會現狀，且對人性的描寫深具透視性。此書出版後，備受好評，當時的大書評家伯林斯基更預言杜斯妥也夫斯基將來會成為偉大的作家。

　　一八四九年，杜斯妥也夫斯基因為參加了反政府團體被捕入獄，被囚禁在西伯利亞，直到一八五八年才獲准返回聖彼德堡。這一段流放生涯改變了杜斯妥也夫斯基對世界的觀感，對人性的矛盾性格有了更深一層的認識。

　　回到聖彼德堡之後，杜斯妥也夫斯基持續寫作，陸續發表了

《地下室手記》、《死屋手記》、《罪與罰》……等作品，當他極具重要性的作品《白痴》完成時，他在文學上的地位已與屠格涅夫、托爾斯泰並駕齊驅。

〈農夫馬瑞〉發表於一八七六年，為杜斯妥也夫斯基被囚禁在西伯利亞時，獄中生活的寫照。在牢中的歲月，他藉由不斷地默想與觀察來逃離現實的痛苦。一日，他見到一群農夫粗魯地毆打某人，為了避開這令他感到厭惡的場面，他再度讓自己陷入回憶中，童年時的一場經歷湧入了他的腦海。

當時他才九歲，獨自在田莊的樹林裡遊玩，突然，他聽見有人在叫喊著：「狼！狼！」杜斯妥也夫斯基嚇壞了，連奔帶跑地尖叫著衝進農地裡去。農夫馬瑞溫柔地安慰他，並伸出手來，用沾滿泥土的指頭輕輕地撫摸他不斷發抖的嘴唇，「孩子，別怕！這兒沒有狼呢！」

農夫馬瑞慈母般的笑容烙印在九歲的杜斯妥也夫斯基腦海中，讓他感受到人性的光明面。回想起童年的這一段記憶，「農夫馬瑞不過是一名農奴，但他待我卻如同待自己的兒子一般和善。」人性溫暖的一面瞬間湧上他的心頭。因此，他在文章中寫道：「突然，我覺得自己能用不同的眼光去看這些不幸的人。由於一種奇蹟，我心中所有的憎恨都消失了。」

他開始在牢房裡走動，以不同的眼光去重新審視這群被視作「強盜」者的行為，「啊！他也可能是馬瑞一類的農人。我無法看透他的心，不是嗎？」

智慧小語

　　人心是複雜的，好朋友可能會因為利害關係而傷害你；曾經令你討厭的人，也可能無意間幫助了你而變成你的摯友。因此，不要用拒絕的態度去看人，因為世上沒有絕對的好人也沒有絕對的壞人，無法用二分法加以劃分。

20

世界上的人，哪一個不曾做過壞事或愚蠢的
事？而他心裡明明知道這是不應該的？

——愛倫坡〈黑貓〉（美國作家，1809-1849）

　　愛倫坡是美國的小說家和詩人，出生於波士頓。他的父親為
愛爾蘭人，母親是蘇格蘭人，父母親皆為演員，但父親很早便離
開家，母親也於他兩歲的時候去世，一位富裕的商人收養了他。

　　或許遺傳了愛爾蘭與蘇格蘭兩個民族神祕、富有想像力的特
質，愛倫坡的作品中充滿著幻想與黑暗恐怖的氣氛，被譽為恐怖
小說大師與偵探推理小說之父。《黑貓》為其短篇小說中的恐怖
代表作。

　　作者以第一人稱的手法，用獨白的方式道出一個有關黑貓復
仇的可怕故事。故事中的主角，一個從小就善良、仁慈的男子，
長大後仍延續幼時的習慣，與妻子一塊兒飼養了一大群的小動
物，有：狗、兔子、猴子、鳥、金魚和一隻黑貓。

　　男子把照顧寵物當成一件快樂的事，直到養成酗酒的習慣，
他的脾氣變得暴躁易怒，常常在酒醉之後虐待小動物們。有一
天，他又喝得酩酊大醉，從酒館回到家裡之後，一把抓住黑貓虐
待牠。黑貓本能地反擊，回咬了男子一口，把他的手咬傷了。男
子一怒之下拿出鉛筆刀，把黑貓的一隻眼睛挖出來。

酒醒之後，男子對黑貓感到一絲絲的愧疚，但很快地又因為酗酒而忘得精光。一天，男子又因為心中一股莫名的情緒想做壞事，「世界上的人，哪一個不曾做過壞事或愚蠢的事？而他心裡明明知道這是不應該的？」這句話就是當時他心中的想法。

　　男子抓住黑貓，用繩子拴住牠的脖子，然後吊到樹枝上去。當天夜裡，一場大火燒毀了男子的家，獨留下一面未倒塌的牆壁。牆壁上頭竟浮現了一隻貓的影子，更令人匪夷所思的是——貓影的脖子上還綁著一條繩子。

　　後來，男子又因為莫名的心理因素收養了一隻貓，貓兒對他百般示好，每天黏在他的腳邊，高興地摩擦著身上的毛。但男子不久又對這隻貓感到厭惡，貓兒寸步不離的跟隨讓他厭煩極了。有一天，男子與妻子從外頭購物完回到租屋處，貓兒跑到男子腳邊磨蹭，害他差點從樓梯上摔下去。

　　男子氣極了，隨手拿起斧頭往貓兒身上砍去，妻子連忙握住他的胳膊不讓他傷害貓兒。男子更加憤怒，想用力掙脫妻子的手，沒想到卻把斧頭砍進妻子的腦袋。這下子，男子沒空去想貓兒的事情了。他把妻子的屍體埋進磚牆裡去，想擺脫警員的追查。

　　四天後，員警們來到男子家搜索，一群人檢查了半天也沒發現異狀。等到員警即將離開時，男子因為過於得意（自以為犯下天衣無縫的罪行），用手杖去敲打牆壁，結果從牆壁中傳出一陣陣淒慘的叫聲。警察於是敲開牆壁，發現一具女屍，頭上還坐著

一隻貓。原來，貓兒也被男子關進牆裡頭去了。

這是貓兒報仇還是巧合？明明知道不應該做卻還是要做壞事？作者在刻劃人性的黑暗面上風格獨具，故事中的恐怖畫面則讓人感到毛骨悚然。

智慧小語

為了逞一時的快感任意而為，看似刺激，實是幼稚，這種人心裡不是空虛，就是自信不足，才會藉由破壞來滿足自我。在人生的路上，每一個人或多或少都當過這種人吧！？

21

死亡既不會令人沮喪，也不會令人興奮，它只
是生命的事實。

——索甲仁波切《西藏生死書》（西藏喇嘛，1947-）

《西藏生死書》是一部探討人類臨終關懷的作品。作者索甲
仁波切出生於西藏東部，因爲被認定是過世大師的轉世靈童，因
此在他六個月大時就被送入上師蔣揚欽哲秋吉羅卓的寺廟，學習
藏傳佛教的知識。

索甲仁波切曾經學習《中陰聞教得度》（即西藏度亡經）裡
引導臨終者與亡者的特殊技巧。《西藏生死書》就是根據《中陰
聞教得度》中的相關內容撰寫而成的一部臨終關懷著作。作者於
書中與讀者談到生、心性、無常、臨終關懷、死亡與重生等等人
生必須面對的重要課題，深入淺出地介紹了藏傳佛教的智慧。

書中第一章〈在死亡的鏡子中〉，作者談到人類對死亡所抱
持的態度，一種是「否定死亡」，另一種則是「恐懼死亡」。否定
死亡的人過度看輕死亡；恐懼死亡的人則誤認爲死亡會帶來不
幸。這兩種想法都是錯誤的，因爲「死亡既不會令人沮喪，也不
會令人興奮，它只是生命的事實。」如果我們一直到臨終的一刻
才準備死亡，往往產生「生命可貴卻來不及了的憾恨」。我們要
做的應該是——事前眞正地去面對死亡和瞭解它才對。

　　此書被翻譯爲三十多種語言，發行於世界五十多個國家，擁有許多的讀者，影響深遠。雖然近日有人質疑作者本身的品德，但其書中傳遞出來的深刻智慧卻是毋庸置疑的。

智慧小語

　　害怕不能解決問題，勇敢正視問題的本身、充分瞭解它，恐懼才有消除的機會。面對生活上的難題應該如此；瀕臨死亡之際也該這樣。

22

對某些人來說，心理或生理上的毛病是他們最為寶貴的特質，他們終生愛護它、為它活著。為了它必須忍受極大的痛苦，但在向別人訴說這個毛病時，卻也得到別人的同情與關注。

——高爾基〈二十六個男人和一個女孩〉（俄國文學家，1868-1936）

高爾基為俄國著名的文學家，自幼生活貧困，從小就開始幫人工作，做過碼頭工人、洗碗工、麵包點心師……等等，他的作品深刻反映出低下階層人民的生活與感情，傳達出作者對俄羅斯人民存在的關切與愛，因此高爾基被稱為無產階級文學之父。他過世的時候，有幾十萬人參加他的出殯行列，受到廣大俄羅斯人民的尊重。

〈二十六個男人和一個女孩〉為高爾基於一九〇二年發表的作品，內容描述二十六個麵包工人與一位女清潔工之間的微妙情愫。麵包工人每天五點起床，在潮濕、發霉的地下室揉麵糰，烘焙小餅乾，他們吃得不好、衣服單薄骯髒，每個人臉上的表情都是呆滯而冷漠。

從早到晚，麵包工人像奴隸一般地工作著，生活上的重擔讓他們習慣沉默，因此，小小的空間雖然擠了二十幾個人，卻沒有人在聊天。除了一件事例外，十六歲的清潔工坦妮雅出現的時

候，所有的人都會快樂起來，就像陽光照進了地下室，二十六個人瞬間感到暖和起來。

坦妮雅是樓上絲線工廠的打掃工人，每天都會來地下室討小餅乾吃。當她出現的時候，每每帶給麵包工人快樂與喜悅。因此，大家小心地愛護她，把她視作偶像，從來不在她面前說出粗鄙的話，還會幫她劈柴、做些雜事。

一天，麵包店來了一位新的麵包師傅，他喜歡到地下室與麵包工人們聊天，自誇自己如何受到女人的歡迎，有多少女人為了他大打出手。他得意忘形的態度引來一位烤餅師傅的反感，故意嘲弄他，說他的能力只不過是砍倒了小杉樹，卻砍不倒大松樹，沒什麼好驕傲的。

「對某些人來說，心理或生理上的毛病是他們最為寶貴的特質，他們終生愛護它、為它活著。為了它必須忍受極大的痛苦，但在向別人訴說這個毛病時，卻也得到別人的同情與關注。」這段話就是針對麵包師傅視誘拐女人為其活力泉源的心理所說的。

為了證明自己的魅力，麵包師傅前去追求二十六個麵包工人口中的女神坦妮雅。麵包工人們雖然不願此事發生，卻又懷著看好戲的心情期待著：「不會的！坦妮雅一定會忠於我們的。」

最後，無情的現實摧毀了二十六個麵包工人的美夢：就在他們眼前，坦妮雅成了麵包師傅的囊中物。他們無法接受這個打擊，全都衝到坦妮雅面前大聲地咒罵她，以最狠毒的字眼羞辱她。坦妮雅驚魂未定地盯著這群麵包工人，終於，她憤怒地反

擊：你們這些豬……禽獸。就這樣，二十六個麵包工人心中最美好的事物徹底粉碎了。

23

> 一個沒有藝術的世界，如同沒有笑聲的托兒
> 所。
>
> ——房龍《人類的故事》（美國文學家、歷史學家，1882-1944）

房龍出生於荷蘭鹿特丹，二十一歲時前往美國，自此以美國為故鄉。他的學問淵博，通曉六國語言，在研究歷史方面更是一流的學者，《人類的故事》就是房龍以文學的方法創作的歷史書，為其不朽之作，至今翻譯成二十多種語言，發行全世界，為世界上流傳最廣的歷史書籍。

《人類的故事》從最初地球的生成開始講述，橫跨漫長的五十萬年，直到第一次世界大戰。「一個沒有藝術的世界，如同沒有笑聲的托兒所。」出自〈藝術〉一章，主要在訴說藝術發展的流程，與其對人類的影響。

人類從嬰兒時期起就已經有藝術的傾向，如玩泥巴、用泥巴去捏塑各式各樣的泥餅；接著，孩童極喜歡拿著畫筆任意揮灑，在他們筆下，每一張畫都是精彩無比的佳作。

原始人在山洞的牆上畫大象等動物；埃及人、巴比倫人等建造富麗堂皇的宮殿；這些都是藝術的創作。就連忙著統治其他民族的羅馬人，對於希臘的藝術也是照單全收。

接著，房龍談到宗教，介紹教堂的建築方式、牆壁和地板的

裝飾及壁畫的表現等。顏料的發明使繪畫藝術興起，各個畫派在權貴與富商的資助下蓬勃發展。印刷術的發明則造就了作家與插畫家的結合，並促進藝術的流通。

　　戲劇與音樂是另一種形式的藝術。戲劇讓人走出家門，來到劇院欣賞演員的表演；音樂則成為人類痛苦與快樂時的好朋友。「一個沒有藝術的世界，如同沒有笑聲的托兒所。」說的就是藝術的感染力。莎士比亞、貝多芬、莫札特……，這些藝術的先驅影響著人類的生活，給世界帶來美麗的樂章。

智慧小語

　　孩子的笑聲是最悅耳的天籟，沒有藝術的世界必定沉悶、乏味，缺少歡笑。

24

> 牠的道德本性逐漸消失，為了面對殘酷的生存
> 競爭，道德變得毫無用處、綁手綁腳。
>
> ──傑克‧倫敦《野性的呼喚》（美國小說家，1876-1916）

傑克‧倫敦出生於舊金山，家境並不富裕，因此，他從很小的時候就開始工作賺錢，曾做過罐頭工廠的工人，也曾盜採牡蠣，十六歲時任職加州漁場的巡查員。隔年，傑克‧倫敦登上漁船成為一名水手，他將航行時的經歷寫成文章，得到青年作家徵文比賽第一名。從此，他立志要成為一名作家。

傑克‧倫敦四十歲時過世，在他短暫的一生中，創作出三十部扣人心弦的小說。他的作品多以動物為主角，想像力豐富，深受讀者歡迎。《野性的呼喚》為傑克‧倫敦最廣為人知的代表作，內容描述一隻名叫巴克的狗，如何從文明墜入蠻荒，學會在殘酷的環境中生存的生命歷程。

巴克是聖伯納犬與蘇格蘭牧羊犬的混種狗，從小生長在溫暖的南方。牠的主人是一位法官，因此牠的生活極為悠閒而舒適。淘金熱潮在北方興起後，對大型犬的需求爆增，巴克在這股風潮下成了犧牲品，一天，牠在毫無防備的情況下被園丁助手偷偷帶走，並賣到北方去。

巴克成了一匹雪橇犬，整天在冰天雪地裡辛苦跋涉，因為食

物極少，雪橇犬們常常處在飢餓的狀態。為了生存，以往過慣舒適生活的巴克學會狼吞虎嚥，甚至偷竊食物，在這種艱困的環境中，「牠的道德本性逐漸消失，為了面對殘酷的生存競爭，道德變得毫無用處、綁手綁腳。」

最終，巴克深刻地體會出蠻荒世界中的生存法則，牠天生的野性被激發出來，從靈魂深處呼喚著牠。於是牠離開人類世界返回自然森林，成為狼群中的一份子。

人類和動物並沒有什麼不同，為了在艱苦的環境中生存，善良的本性往往被迫棄置一旁。就像作者說的：面對殘酷的生存競爭，道德變得毫無用處，甚至礙手礙腳。

智慧小語

「活下去」是一種本能，愈在艱苦的環境中，愈能激發人性的潛能。

25

> 在那青山的後頭埋葬著我們的青春。現在已經
> 變成什麼樣子了呢?
>
> ——施篤姆《茵夢湖》(德國小説家、詩人, 1817-1888)

《茵夢湖》爲施篤姆早期最重要的小說創作,此書的出版奠定了他在文壇上的地位。從他的作品中,透露出一股淡淡的哀愁與夢幻般的浪漫情愫,深受讀者歡迎,也讓施篤姆的作品馳名國際。

這本半自傳的小說寫的是一段平凡的愛情故事。故事中的男主角蘭哈特爲施篤姆的化身,女主角伊莉莎白則是他年輕時曾經愛戀的一位女孩。

蘭哈特與伊莉莎白是一對青梅竹馬,兩人從小玩在一塊兒,約定好長大後要到印度去旅行。伊莉莎白喜歡聽蘭哈特說故事,蘭哈特便將故事寫在小本子裡,送給伊莉莎白;每當伊莉莎白拿出小本子,唸著裡頭的故事時,蘭哈特便覺得驕傲而滿足。這成了他倆之間的一種習慣,當蘭哈特即將離開故鄉到外地求學時,他答應伊莉莎白會繼續寄好聽的故事給她。

距離阻絕了兩人見面的機會,但他倆對彼此的心並未變。無奈時間是殘酷的殺手,也是情感的催化劑,在蘭哈特離鄉求學的這段日子,茵夢湖農莊的男主人埃立悉對伊莉莎白展開熱烈的追

求。伊莉莎白雖然拒絕了兩次，最終在母親的勸說下點頭，答應嫁給埃立悉。

多年後，蘭哈特應邀到埃立悉的農莊作客，面對仍然深愛著的伊莉莎白，蘭哈特的內心有著無盡的傷感與惆悵。

暮色蒼茫，蘭哈特獨自走到茵夢湖邊，湖面上的一朵白色睡蓮深深吸引著他。他跳進湖中朝睡蓮游去，那銀白色的花瓣在月光中閃爍著，他覺得自己已經靠花很近，但身體卻被水草所纏繞。一種黑暗神祕的感覺在此刻懾服了他，讓他回頭往岸邊游去。

當他重新站在湖畔向水中望去，那朵白色的睡蓮依然在漆黑的湖面漂浮著，離他遙遠而孤寂，就像是伊莉莎白。

天亮時，伊莉莎白陪蘭哈特到昔日遊玩的山林散步，蘭哈特禁不住問她：「在那青山的後頭埋葬著我們的青春。現在已經變成什麼樣子了呢？」

兩人默默無語，並肩而行。年少時共度的美好時光在他倆心中流轉著，但已經回不去了。

智慧小語

任何一個地方，皆能因為人們的共同記憶而使它充滿生命。

26

關愛自己，為關愛整個世界的開始。

——王爾德（英國文學家，1854-1900）

　　王爾德為十九世紀英國的唯美派作家，他的童話作品〈快樂王子〉、〈自私的巨人〉、《夜鶯與玫瑰》等被翻譯成多國語言，受到許多人的喜愛。小說《格雷的畫像》是王爾德唯一的一部長篇小說，於英國發表時受到許多攻訐，毀譽參半，但今日看來，此書則成為其唯美浪漫特質的代表作。

　　王爾德生於都柏林，他的父親是一位知名的眼科醫生，待人寬厚，常免費替貧苦的人治病；他也是一位學識淵博的作家，曾出過幾本考古及地理的作品，也撰寫過醫學教科書。王爾德的母親也是一位思想前衛的知識份子，不但為婦權運動貢獻己力，更曾經在周刊撰寫爭取國家自由的文章，為愛爾蘭的名女人。

　　王爾德在這樣的環境下成長，自然培養出濃厚的文學興趣。王爾德生長在十九世紀末的英國社會，因為崇尚希臘美學，成為唯美派思想的奉行者。他穿著華麗、注重打扮，雖然受到許多保守人士的攻擊，依然我行我素。就像他曾經說過的：「我的生活展現我的天才；我的作品只顯示我的才幹。」（引自《王爾德的黃金時代》，九歌出版），他對自己有著相當程度的自信。

　　在一本描寫王爾德的傳記中記載了這麼一段小故事：一八八

一年，王爾德受邀到美國演講。當他從搭乘的船上走出，進入美國海關時，對前來詢問他的海關官員說道：「我沒有什麼物品需要申報，因爲我一無所有，除了我的天才。」

這段話除了表現王爾德的幽默之外，還彰顯了他對自我的強烈自信，因此，他會說出：「關愛自己，爲關愛整個世界的開始。」這一切也就有跡可尋了。

智慧小語

一個不喜歡自己的人，怎能用一顆無求的心去愛別人呢？「愛自己」是「付出愛」的起點。

名人軼事

王爾德的人生宛如一場精彩的戲劇，除了他唯美的生活與創作風格深受眾人關注之外，他的感情生活也備受討論。王爾德曾經被一位貴族青年的父親控告他與自己的兒子犯下同性戀罪行，因此被關進瑞丁監獄兩年，在獄中不但得服苦役，還無法從事他最深愛的文學創作。

今日我們仍能從王爾德寫在監獄用紙上的一篇文章〈獄中書〉中感覺到他當時內心的苦悶，文章中提到：「……人總有一天都會大聲哭著揭露自己以前偷偷犯下的行為。我不再是自己的主宰，也不再是自己靈魂的船長，而我卻渾然不知。」（引自《王爾德》，貓頭鷹出版社）

27

> 宴席不能開始於早晨，必須開始於日落。
>
> ——祁克果（丹麥心理學家、文學家與宗教家，1813-1855）

　　祁克果被稱作「二十世紀人類性靈的導師」，他對基督教神學家巴特的影響讓他名揚於世，他活在世上雖然僅有短暫的四十二年時間，卻被成千上萬的人廣泛地討論。

　　祁克果出生於哥本哈根一個富裕的家庭，他的父母對基督教有著強烈的信仰，對子女的思想與宗教教育有嚴格的要求。因此祁克果從小就對個人的存在與宗教問題有著濃厚的研究興趣，大學時所主修的便是神學。

　　祁克果有許多著作，他在討論「努力」的文章中曾經說道：人必須經過付出與忍耐，才能得到甜美的收穫。就像植物在播種之後，也必須經過一段時間的成長，才能發芽茁壯，進而開出美麗的花朵，結出甜美的果實。

　　「宴席不能開始於早晨，必須開始於日落。」說的就是：沒有經過日間辛苦的勞動，怎會有夜裡宴席上豐盛的美食？人在精神世界的追求上也應如此，必須先經歷一段辛苦的付出，不放棄、不浪費時間自艾自憐，努力往前追求，終有一日必能得到所求。

　　在努力的過程中，祁克果強調要把握時間，切莫將時間虛擲

於空想與自憐上，他舉了一個例子：老是在自憐的人就像一個深陷流沙的人，不停地計算著自己已經陷入沙裡多深了；哪知在他計算著距離的同時，他已經陷得更深。此時，把時間用來想辦法求生才有意義吧！

智慧小語

　「先苦後甘」與「先甘後苦」哪個比較好？付出是不是一定就會有收穫？這些問題沒有絕對的答案，重要的是對自己的選擇要「負責」，對結果更要「甘心」。

28

生意人因為業務上的考量，對於身體上的輕微
不適，經常必須撐著點兒的。

——卡夫卡《變形記》（奧地利作家，1883-1924）

　　卡夫卡出生於布拉格的猶太人家庭，他的父親是一位百貨批
發商，因此對卡夫卡有著相同的期待，希望他也能成為一名出色
的商人。但是，卡夫卡並不喜歡從商，雖然他依照父親的意思放
棄文學轉學法律，並取得了法學博士的學位，但在他的內心中，
真正感到興趣的還是寫作。

　　《變形記》為卡夫卡最廣為人知的作品，堪稱現代主義文學
的奠基之作。故事內容描述一位名叫格里高爾的年輕人，一天早
上醒來突然發現自己變成一隻巨大的甲蟲，此項意外事件為他與
家人的關係帶來一連串的影響與改變。

　　格里高爾是一名旅行推銷員，每天天還沒亮就要起床，趕搭
五點的火車去上班。為了養活一家人，他努力工作，默默忍受上
司無理的要求。可是一天早上，格里高爾毫無理由地變成了一隻
甲蟲，他費力地爬下床，卻無法與前來查詢他遲到原因的公司主
管與家人說話，因為此時他已無法說出人話，只能發出蟲鳴。

　　「生意人因為業務上的考量，對於身體上的輕微不適，經常
必須撐著點兒的。」這句話出自前來探訪格里高爾的主管口中。

因為格里高爾的母親為兒子遲到的原因辯護，認為是生病使他下不了床，結果公司主管回了這麼一句，一語道出上班族所必須承擔的生活壓力與上級主管無情的對待。

變成甲蟲的格里高爾讓大家都嚇壞了，公司主管倉卒地逃離，他的父母與妹妹也手足無措，不知該如何是好。從此，家裡的生活全都變了調，從最初討論著如何度過經濟危機、對甲蟲的照顧，到後來所有人都要工作以維持家計、辭退女傭、分租房間。格里高爾一一聽在耳裡、看在眼裡，他雖然內疚自責，卻無法讓家人知道他的想法，大家都以為他聽不懂人話，因此也就沒有理由會顧慮到他的想法。

日子一天天過去，原本與他感情最好的妹妹不再細心照顧他，因為白天工作的疲憊，妹妹甚至開始抱怨，說一切的壞事都是格里高爾引起的。父親對他嚴肅而冷酷，為了他無意間嚇昏母親，父親還拿蘋果攻擊他，使他身受重傷。

一天晚上，為了替受到房客輕視的妹妹抱不平，背脊發炎紅腫的格里高爾努力地從房間爬出來想給房客一點教訓，結果反而造成了一陣混亂。妹妹憤怒地指責他，說他是「不幸的根源」，說他「必須離開」。

格里高爾虛弱地爬回房間，在妹妹無情的鎖門聲中，他回憶起昔日家人的愛與感動，他知道為了家人好，他必須從這個家中消失。最後，格里高爾忍耐著飢餓、孤獨地死在髒亂的房間地板上，身上布滿著灰塵。

智慧小語

愛，真的是維繫家人情感的真正原因嗎？或許就像恩格斯說的：維繫家庭的並非家庭的愛，而是隱藏於財產共有關係後的個人利益。

29

　　如果你不是你自己，你如何快樂得起來？整個
存在之所以籠罩在幸福之中，是因為石頭是石頭，
樹木是樹木，海洋是海洋。

——奧修（印度靈性大師，1931-1990）

　　奧修出生於印度的馬達亞·普拉德西省，為二十世紀最具爭
議性的一位靈性大師。七歲之前，奧修與外公外婆一塊兒生活，
他們極力地包容他，隨他自由自在地發展而不加以干涉，因此培
養出奧修獨處與獨立思考的能力。

　　「如果你不是你自己，你如何快樂得起來？整個存在之所以
籠罩在幸福之中，是因為石頭是石頭，樹木是樹木，海洋是海
洋。」這段話出自《叛逆的靈魂——奧修自傳》一書的第二章。

　　當奧修還只是一個小孩子的時候，他喜歡到教堂、清真寺、
印度教與耆那教的廟宇去，當時，見到他的人都會問他：「你想
成為像耶穌一樣的人嗎？」或者「你想要像穆罕默德那樣嗎？」

　　奧修覺得很訝異，為什麼大家希望他成為別人的複製品？而
不是成為自己？奧修認為，人從小就被教導著不要成為自己，大
人用美麗的圖畫與崇高的故事建構宗教領袖的美好，讓孩子產生
要成為佛陀、耶穌、默罕默德……等的欲望，而這種欲望正是痛
苦的根源。

　　奧修雖然也被教導相同的事情，但他卻有自己的主張——
「我只會做我自己。」因此，當他成為一代靈性大師，帶領人們
從事所謂的「靜心」，也就是要「幫助人們使他成為他自己。」

　　奧修獨特的思考方式，公開挑戰了一切既有的宗教、政治與
社會的傳統，讓他得到毀譽參半的名聲。他過世之後，作品流傳
世界各地，感動了許多人。雖然，未必人人皆能同意奧修的理
念，但「做自己」的言論的確帶給人們深刻的啟發。

智慧小語

　　唯有接受自己、愛自己的人，才能感受到真心的快樂；也才
能從自己的身上挖掘出更多存在的價值。

30

當妳生前，死亡在我遙遠的前方，妳張開雙手
遮住它，等到妳一不在，死亡驀然來到眼前。

——遠藤周作《深河》（日本文學家，1923-1996）

遠藤周作為日本的知名作家，一生獲獎無數。《深河》為其
生前的最後一部作品，與榮獲第二屆谷崎潤一郎獎的《沉默》同
為其最重視的創作。遠藤周作離開人世時，家人遵照其遺言將兩
書一起放入棺中。

《深河》探討了佛教中轉世的說法，與各種宗教因「愛」融
合的觀念，內容深刻而感人。深河指的是印度的恆河。故事中的
主角神父大津與當地天主教有些隔閡，因為他總是幫助異教徒完
成他們的心願。這些受他幫助的印度人大都來自遠地，因為貧窮
沒法搭車，只能靠著雙腳來到聖河朝拜。有些老弱婦孺或生病的
人走不到恆河，癱倒在地上，大津便背起這些人，帶他們到恆河
去。就像基督背著十字架，大津也背負起眾人的悲哀。

一群日本旅客跟隨旅遊團到印度旅行，見到印度人在灑入屍
灰與漂流著屍體的恆河中沐浴、漱口，藉此祈求來世的幸福。團
員們驚訝極了，卻又對充滿神祕氣息的死亡與沐浴儀式好奇不
已。

團員中，有個名叫磯邊的鰥夫，為了完成妻子臨終前的願望

來到印度。他的妻子死於癌症，臨死之前對他說：「我一定會轉世，……你一定要找到我。」妻子死後，磯邊一直不願意面對，他覺得妻子只是去哪裡旅行了，總有一天會回來。

「當妳生前，死亡在我遙遠的前方，妳張開雙手遮住它，等到妳一不在，死亡驀然來到眼前。」這段話道出了磯邊的心情。於是，懷著對妻子的無盡愛戀，磯邊來到印度，追尋轉世的答案。

智慧小語

死亡拉開人與人之間的距離，卻也拉近人與人之間的心。與其死後追尋轉世的真相，不如好好珍惜活著時相處的時光。

肆

人性的探索

As the purse is emptied, the heart is filled.
$\sim$ Victor Hugo

01

> 你的出身很痛苦，如果你因此怨恨別人，那值
> 得憐憫；如果你懷著善意、仁愛、和平的心思，那
> 你將比任何人都高貴。
>
> ——雨果《悲慘世界》（法國作家，1802-1885）

法國大文豪雨果，他的作品總是充滿人道主義，關懷弱勢、貧窮者，他甚至囑咐，過世後，將爲數眾多的作品版稅全部都用來幫助窮困的人。

雨果一生的創作十分豐富，其中尤以《鐘樓怪人》、《悲慘世界》最爲世人所知。本文收錄的這段話，即是出自《悲慘世界》這部長篇小說。雨果化身成書中的靈魂所在，也就是偉大的宗教家米李愛主教，他以悲天憫人的精神、慈祥寬容的言行，徹底拯救了一名小偷罪犯沉淪多時的靈魂。這名小偷在往後的日子裡發了跡，但不忘自己貧困的出身，因而總是默默盡一己之力，幫助窮困潦倒失志的人。從罪犯變成慈善家，這條道路上的風景已全然不同，一句深刻打進人們心坎的話，竟有此力量，能讓人屏惡向善。

這段話聽起來十分高貴，似乎接近宗教家的大愛情懷，一般人或許覺得難以企及這樣神聖的境界，畢竟誰不是有情有慾、有愛有恨，偶爾懷抱小奸小惡的平凡人呢！但或許我們可以把人生

看成由許多階段性目標組成的一段長河，即使出身條件不如人或未必銜著金湯匙出生，但仍可靠自己的力量，一步步充實實力、培養一技之長往上爬，打造屬於自己、別人搶也搶不走的金飯碗。至於如何使自己時刻懷抱善意、仁愛的心思，那麼可能得讓環境加以淬鍊了，經歷的世事愈多，你會發現與人為善、待人以誠是行走人世間，最能讓自己心安理得過每一天的法寶。

智慧小語

　　不管你對此生有何期許，盡量誠實面對自己，如此才能每天看見自己的缺點與優點，並讓自己變得更好。

02

　　他這幾年裡看到的卑鄙與邪惡，比他過去在島
上十幾年看到的還多，他對所謂的「文明」徹底絕
望。

——梅爾維爾《白鯨記》（美國作家，1819-1891）

　　在世界名著《白鯨記》裡，有一個非常特殊的角色「魁魁
格」，他是一名來自世界邊緣的土著，因為對文明世界充滿嚮
往，來到五光十色的大城，最後上了捕鯨船擔任水手。本書作者
梅爾維爾藉著魁魁格之口，說出對人性卑鄙與邪惡的感慨，不無
道理。

　　原因是，在「文明人」的眼中，魁魁格的外表強壯且孔武有
力，臉上身上都刺了青，十足駭人，一點都不文明。殊不知，他
其實是個內心良善、單純的人，甚至在水手同伴落海遇難時，不
計較那人曾詆毀他，勇敢跳入海中救人，是個心胸寬厚的人。由
這樣外表可怕、內心善良、品德高貴的人，說出對文明社會醜陋
人性的慨歎，果真諷喻意味十足。

　　什麼是文明？什麼是落後？文明必定良善？落後必定醜陋？
這件事情很可能也是《白鯨記》這本書欲討論的小小課題。文明
總是包裹繽紛糖衣，讓人忍不住往裡頭跳，想沾染甜蜜的滋味。
但是一旦踏了進去，打滾得久一些，就會發現，虛幻的美麗物

事，包藏了人們不堪也不敢說的扭曲價值觀，那便是赤裸的人性，人性醜惡大集合；文明，在許多時刻裡，是腐敗的甜蜜。

《白鯨記》作者梅爾維爾的寫作功夫非常厲害，他擁有許多人生閱歷與經驗，因而把認識到的各種人性，都賦予特定角色，將他們安排至同一艘船上，讓人們在廣袤無垠的大海與大鯨面前，一一暴露人性的真面目。

智慧小語

文明與落後，只是相對價值。在看似繁花盛開的文明裡，卑鄙邪惡的人性躲在暗處，文明，說穿了只是腐敗的甜蜜。

03

　　脂肪球覺得自己正飽受一群道貌岸然的無恥之
徒輕蔑。她為這批傢伙犧牲了，但他們卻把她當成
一件骯髒無用的垃圾拋棄掉。

——莫泊桑《脂肪球》（法國作家，1850-1893）

　　脂肪球是名妓女，當時她所在的城市盧昂被德國人占領，她
因而在雪夜裡和其他九人共乘馬車離開。不料在通關時，德軍設
下的崗哨不讓他們通行，除非皮膚白如凝脂、五官美麗的脂肪球
願意陪伴軍官共度良宵……

　　脂肪球當然不肯，她雖是妓女，也有愛國情操，也有個人尊
嚴，但同行的地主、伯爵這類上流人士卻爲了自己能順利通行，
而想盡辦法犧牲別人，要脂肪球陪宿。脂肪球最後悲憤地獻身，
卻在之後的旅途上，飽受其他乘客輕蔑的眼光。這會兒脂肪球又
從愛國烈女，變成骯髒妓女。

　　這是一個結構非常簡單的小品故事，只見莫泊桑抓住他要闡
述的人性「虛僞、自私」這一章，精準選取人性切片，從相對弱
勢的、不受人尊重的妓女的角度，讓我們看見自古以來，用狡獪
滑舌成事，不動刀不見血，仍能踩著別人屍首自保、發達、坐大
位的無恥之徒們，其嘴臉有多令人不齒。

　　我們身處現代社會，每日都在經歷詭詐的政治與商業生活，

政治上的無恥之徒叫政客，他們辜負了人民的選票與期待，只為做大官營大私，心中早已忘記什麼叫做人民福祉；商業上的無恥之徒叫奸商，他們一律用美好迷湯灌量消費大眾，不管是不實廣告字眼或大玩金錢遊戲，目的只為捲走純樸大眾的血汗錢。

　　脂肪球像個爛皮球似地被拋棄，我們這人民頭家不也離樂業安家愈來愈遙遠？

智慧小語

　　這社會，人與人之間互相扶助原本極為自然，直到政客奸商這類虛偽、包藏禍心的人種出現了，抹煞了互助美意，充滿了利用算計心眼。

04

教會的權力對他而言至高無上，在他眼裡，牧師是絕對完美的神明化身，女教徒則是一種絕不會犯罪的生物。

——雨果《悲慘世界》（法國作家，1802-1885）

雨果是一位非常入世，有悲天憫人情懷的寫實主義大作家。他在這部名著裡藉著描寫一名非常盡忠職守、鐵守法律綱紀的警察角色，間接揭示人性的偏執與盲點，會使人走向毀滅別人、也使自己不幸的命運。這名警察嫉惡如仇，對他而言罪犯永遠是罪犯，罪犯永遠不可能改過遷善、變成好人。而他認為人世間唯一美善的道德所在，便是信仰，便是教會裡的神職人員。

殊不知，人們行走於世，看待一件事情永遠有很多角度，人家常說「情理法」能否兼顧，就是這個意思。如果狹隘地永遠只從一種角度看待人事物，永遠只以自我為中心去評斷一件事，那麼這樣視角下的人生，固然很有堅持，遇上還不錯的事，人們會說這人擇善固執，但若事情搞砸了，人們會說這人冥頑不靈、不知變通。學著不偏執、學著有彈性，不代表會失去立場、沒有原則，相反地，那是一種每個人在自我風格定調之下，慢慢沉潛或摸索出屬於自己的行事風格。

至於教會中人，所謂神在人世間的代理人，究竟是否真是完

美的神明化身，而且不會犯罪，或許得從個別差異來看。梵諦岡是個宗教聖地，更是個小小公國，然而為何經常聽聞變童醜聞？真的只能說，人在做不能說是天在看，而是我們自己的道德良心有沒有在看顧著自己。

智慧小語

　　人生當中有堅持，很好。但請經常思索，自己究竟是擇善固執或冥頑不靈。

05

> 許多生活中的奢華或舒適享受，不僅非必要，
> 更會妨礙人們提昇精神生活。
>
> ——亨利・梭羅《湖濱散記》（美國作家及思想家，1817-1862）

寫出《湖濱散記》的梭羅，是美國十九世紀的重要思想家與作家，不過其人其書在當時並未受到重視，一直要到第一次世界大戰後才傳開來。梭羅，在現代人的眼光看來，絕對是個過著純樸生活、不追求外在名利奢華的人，因為《湖濱散記》一書就是記錄他在湖邊自己動手蓋房子，自給自足，將欲望減至最低，並聽取內心真實聲音的生活。

絕大多數的現代人，都過著衣食無缺的小康生活，然而我們還要更多，要鑽石要皮草，要把所有看似能彰顯自己的物件全部穿戴上身，彷彿有了精品名牌，就是有品味，就是人上人。

結果，人們沉溺的只是一場又一場競賽，永遠都有更醉人的訴求在誘人消費，永遠都有更新穎豪奢的物件等人購買。於是，人們被奢華消費、奴役，似乎外在的花花綠綠反客為主，成了自我真正的主人，而真正的自己不是日漸消蝕就是從來不存在。

當我們以太多的外在事物來掩飾或裝飾自己，終而使自己淹沒，不僅無暇顧及精神生活該如何提昇，甚至可能連自我都失去，不識己為何人。這就像是太久沒拂拭心靈，讓它不斷沾惹塵

埃，直到有一天，積塵太重，心被完完全全覆蓋了，我們也終於忘了體內曾有顆澄淨的心，那樣生猛撲通地跳動過。

　　一個沒有心的人，生活不用心，工作不用心，他枉費了生而為人探索自己與世界的天賦權利。

智慧小語

　　人們熱愛享受，天經地義，但凡事總得求個中庸之道，才可能在物質生活之外，也充實精神生活。

06

> 對工作，他當然是缺乏熱情的。他覺得能暫時
> 不用工作，是無上的快樂啊！
>
> ——左拉《酒店》（法國作家，1840-1902）

或許有人會說：這是哪門子世界名言？但這是要人好好反思
的警語。這是寫實主義小說家左拉的用意，他一方面總是與社會
角落的小人物用同樣高度看世界，讓人注意到弱勢族群；另一方
面也不忘文以載道，就像用隔壁人家大叔大嬸的真實遭遇來警惕
世人那樣。

《酒店》裡說這句話的人，可不是天生好逸惡勞的懶散鬼，
而是從鬼門關走一回的青壯男子。這位主人公在歷經生命大變動
之前，是個非常快活、有責任感的男人，每天都用愉快的心情養
家餬口。受了重傷後，在休養生息的日子裡，他突然發現什麼事
都不用做，真是快活，於是整個人因放大假而鬆散掉了。等到康
復後，說什麼也不想像過去一樣，拚死拚活認真工作了。一個清
貧但溫暖的小家庭，於是出現裂縫，每個人漸漸放蕩，開始背叛
自己的人生，一個家於是毀滅。

這使人警惕兩件事。一是好逸惡勞的天性原本就存在，在正
常的營生作息下，我們頂多遲到、早退、翹班、翹課，情節不甚
重大。但若開始放縱心志，讓鬆懈態度籠罩生活全部，很快地，

生命就什麼底限也沒有，什麼也不在乎，令人遺憾的未來就在不遠。二是究竟我們有沒有必要讓人生只剩下勤奮工作，努力賺錢，卻沒有適當的享受、娛樂、興趣和喜好？在忙碌之餘，好好放鬆，讓生活有弛有緊，才是有品質的人生。

智慧小語

　　辛勤工作和好逸惡勞，兩者絕對背道而馳？那不一定，生活有忙有鬆，我們得以自我實現，又能愉快度日。

07

他變得絕望了，他的悲哀是屬於哭不出來那種。他不哭泣，也不禱告。他詛咒又蔑視，憎恨上帝和人類，過起了恣情放蕩的生活。

——艾蜜莉·勃朗特《咆哮山莊》（英國作家，1818-1848）

絕望、哀戚、蔑視、憎恨、放蕩，是誰彷彿刻意蒐集人類的負面天性，用一生之力好好「實踐」？答案是「咆哮山莊」的長男辛得雷·恩蕭。他是個驕縱、殘酷、任性的敗家子，從小憎恨父親帶回來的孤兒希斯克利夫，用言語和暴力加以虐待；父親過世後，也沒好好照顧親妹妹凱瑟琳。恐怕他這一生唯一用心對待的，便是早死的妻子。妻子生下孩子後不久死去，他因而一蹶不振，原本殘忍執拗的性情更加劇了，愈發憤世嫉俗，成天沉迷酒精，發酒瘋時甚至想摔死自己的孩子。

有人說，家中的第一個孩子，因為備受呵護和寵愛，經常受不了弟弟妹妹出生後，搶走了自己的獨特地位。或許辛得雷就是這樣的人，也或許他是個失敗家庭教育之下的壞榜樣。不論如何，人總要為自己的人生負責，我們從來不能離群索居，如果一意孤行，胡亂過日子，不只影響自己，也會給別人增加痛苦，甚至若有了下一代，那無異為孩子立下壞示範，將影響孩子一生，是好是壞很難說。

遭逢人生重大變故，未曾經歷過的人很難了解當事人的痛處，經歷過的人也不見得因此了解同類人的心思所想。人是複雜的，性格加境遇，又爲生活交織出更多複雜的行爲切面。只能期待自己與身邊的人，遇事能成熟以對，自立自強，或適當求援，並在接下來的日子裡，漸漸回到生活常軌，使自己從傷痛與經歷中成長。

智慧小語

　　遇到悲傷苦難，適當求援之餘，能幫助自己的只有自己。自助天助，自毀人毀，怪不了老天爺。

08

我當了父親才信上帝，祂無處不在，因為這個
世界就是祂創造的。我對我女兒也是這樣無處不
在，只是我愛我的女兒，比上帝愛世人還深。

——巴爾扎克《高老頭》(法國作家，1799-1850)

父母對子女的愛，似乎總是無條件，子女是造物者最神奇的
賜予。然而，我們熟悉「中庸之道」，說的是：凡事過與不及都
不好。在《高老頭》這部小說裡，高老頭正是個完全偏離中庸之
道的父親，他溺愛，他用物質金錢經營親子關係，他不教孩子分
辨是非對錯，最後落得死時兩個女兒無一人來送葬。說穿了，高
老頭是被自己過分的偏執給害了，他那偏執的愛，偏執的給予，
不問對錯，直到死前那一刻，才知道自己錯了。

人果真百百種，大部分的人或父母，在做某些決定時，都會
設定「停損點」，不能太過分損害自己的權益；即使父母不與子
女計較，一再原諒子女，但像高老頭那樣心甘情願讓老本一點一
滴流向孩子，完全置個人生計於度外，還真少見。

希望高老頭的悲慘故事，只發生在小說裡，用以告誡現實中
的人們。我們總該先保全自己的生存與健康，有了餘力，再來幫
助別人，再親暱的人也是一樣。畢竟每個人都是獨立個體，尤其
長大成人的個體應對自己負責。負責任的能力，是需要學習的，

這是家庭親職教育不能自外的一環。全天下為人父母者，可別被偏執而盲目的親子之愛矇蔽，錯過教育孩子的黃金期。

　　生而為人，說話行止動見觀瞻，不可不慎；升格做父母，更要前思後想，想養育、想關愛、想教育，盡量把親子、家庭、人際、社會的網絡都考慮進去，如此或能讓人生近乎無憾。

智慧小語

　　人人都是當了父母才開始學習，見證生命降臨的喜悅，也要理性教養小小人兒，別讓偏執盲目的愛毀了家庭。

09

最高的法律，是良心。

——雨果《悲慘世界》（法國作家， 1802-1885）

　　雨果的《悲慘世界》，幾乎就是在描寫尚萬強這個人的一生，他的一生，就是小人物在生活底層掙扎打滾得夠久之後，逐漸充實飽滿、富有光輝的美麗人生。此人最早是名小偷，後來發跡，成了扶傾濟弱的大善人。但說說他當初為何當起小偷，事實上，也正和我們時不時在電視上看見、引人鼻酸的新聞一樣。在家中經濟生活非常困窘、為了使外甥們有東西吃的情況下，他偷麵包被抓，而這一關就是近二十年。不過，牢獄生活並未使他變得更好，他一出獄，竟然在一次投宿德高望重神職人士家中的夜晚，企圖偷走主教的值錢器皿，但最後主教寬容地原諒了他，他也因此找到人生的正道，開始了行善的後半生。

　　在很多的機緣下，我們有時可能會禁不住誘惑，對於不該為之事顯得飄飄然、躍躍欲試，然而有把道德量尺就在我們心底，平時可能無知無感，但到了這種會使人飄飄然忘記自己是誰的時刻，一定會蹦出來，要你衡量一下為與不為的各自結果。沒錯，那把尺便是良心，什麼事該不該做、怎麼做最好，其實我們早在學齡前透過啟蒙教育就已了解，只是這成長的一路上，我們很可能沒有時時拂拭自己的心，讓心上的塵埃愈積愈厚，直到我們終

於泯滅了良心，背叛了自己，更甚者也危害他人與社會……這可不是勸世八股之言，而是時時刻刻自我提醒的箴言。

智慧小語

　　人類道德的最後防線是法律。我們能思、能想、能反省，自然不要走在法律邊緣，等著良心被救。

10

> 在這個世界上，人所看見有根有據的東西，都
> 不過是面具。在那些無根無據的事物裡，倒是隱藏
> 著真實。人總是不願意打破這個面具，就像囚犯走
> 不出大牆一樣。人的本性在這種束縛裡是多麼痛苦
> 啊！
>
> ——梅爾維爾《白鯨記》（美國作家，1819-1891）

《白鯨記》是一部被英國知名評論家與小說家毛姆，評為世
界十大重要小說的巨著。本書作者梅爾維爾的人生經歷相當豐
富，從事過許多工作，像是農夫、職員、老師等等，更因曾擔任
水手，再加上事前大量吸收捕鯨知識，而得以成就這樣一部結構
分明、用字精確的大著。

顧名思義，這是一部與鯨魚有關的小說，描繪十九世紀一名
被抹香鯨「莫比‧迪克」咬掉一條腿的捕鯨船長，帶領眾捕鯨高
手航向海洋，意欲消滅殺死這隻可恨怪物的航海捕鯨故事。也因
此，本書雖與捕鯨主題有關，其實相當深入人性，可以說從船長
到水手們，每個人都代表普世常見的人性。說它是海洋文學代表
作，一點也不為過，人性面對險惡而未知的海洋，很難不赤裸。

其中，瘸腿船長亞哈是本書靈魂人物，他其實是個很深沉、
極有智慧的人。他說的話往往帶有哲理，同時也是個深具群眾魅

力、擅於激勵鼓動人心的人，讓人不禁聯想到希特勒這類偏執狂，總會帶領人們走向不幸。

或許很多時候，我們也知道自己的心頭被一些惱人的心思占據，但就是揮之不去，因為那是根深柢固的個性、觀念，很難說拋棄便不要。意識到自己對某些事情太過執著，卻無可奈何，我們只能祈求時間和人生經歷能多幫一點忙，幫助我們逐漸褪下自己從來都不喜歡的面具和武裝……

智慧小語

一旦知道自己的靈魂裝著不受歡迎的性格想法，學著謙卑和傾聽，直到那惱人東西離去為止。

11

> 我知道我很陰陽怪氣。不過，自從我開始喜歡
> 人們，自從發現那座花園以後，我已經不像以前那
> 麼古怪了。
>
> ——法蘭西斯‧波奈特《祕密花園》（英國作家，1849-1924）

一個人知道自己個性驕縱、怪裡怪氣，這種有知有覺，好過那些對自我無知無覺的人。更棒的是，知道自己個性壞，願意改變，願意變得更好，這也等於對周遭的人好。

《祕密花園》是一部很溫馨可愛的小說，敘述幾個孩子如何在接觸、感受、回應大自然的過程中，逐漸發現生命與世界的美好。其中的小女孩瑪麗‧雷諾斯，就是個知道自己陰陽怪氣，願意改變脾氣的小傢伙。

不知本書作者是否對心理學有所研究，才能寫出這樣一部類似「大自然療法」的心理書籍。當然，很難說所有個性脾氣古怪、暴躁、易怒、難與人好好相處的人，是否都能藉著接觸開闊清新的大自然，找回個人與大地的原始連結，進而淨化心靈，改變個性。

但可以肯定的是，開闊感絕對有助個人發現自我的渺小和侷限，不管那渺小感是因天寬地闊，或是因眼前天地萬物的鬼斧神工。與開闊相對的是封閉，封閉的空間、交流、心靈，使一個人

的感官身心體驗有限，或許正是他無法開心快活，而鎮日鬱鬱寡歡或易怒古怪的原因。

　　人類擁有向上提昇的能力，而且自然就能感受到一股驅力，往進步的方向走去。這珍貴的天性資產，人人都有，就看願不願意打開心胸，嘗試新事物思維，哪怕只是淺嘗一口都好。感覺思考一直在原地打轉，或暴躁不耐時，不妨來點改變，出門走走，說不定那道灑在你身上的金色陽光，就是解藥。

智慧小語

　　脾氣壞、個性怪，不見得沒藥醫，常常接觸大自然，心靈或許能因而淨化提昇。

12

　　我們跟所有人一樣，各自有各自的悲苦。

　　　　　　——左拉《酒店》（法國作家，1840-1902）

　　寫實派的小說家左拉，總是善於觀察社會平凡角落，將人們於生活中的掙扎刻畫得既扣人心弦，又讓人不得不把心揪起來痛著。《酒店》也是這樣使人又哭又笑的小人物故事，左拉藉著書中女主人公之口，展現了他悲天憫人的同理心。

　　的確，人生是苦的。曾聽過這樣的論調：如果我們上一輩子修行得很好，早就成仙，不會投胎再來人世走一遭。當然，這或許是宗教要引人信仰的其中一個說法，不過，仔細想想，人生似乎常下起大小風雨，偏偏我們總不見得準備好傘具或雨衣。

　　《酒店》這部小說的女主人公瑟爾菲絲，年輕時遇人不淑，與男友生了兩個孩子，男友後來離去，她便含辛茹苦為人洗衣與縫紉謀生，之後遇見極體貼、有責任心的好男人，結了婚過了三、四年雖清貧但甜蜜的日子。不料，丈夫有次發生意外，性格大變，喪志懶做，瑟爾菲絲為維持家計開了洗衣店，光景還不錯，但成功太快，享樂也太多，在不知量入為出好好盤算的狀況下，整個家開始走向衰敗，女主人公最後甚至淪為娼妓。

　　或許有人會說，這女主角一生命運太悲慘，老天爺對她不公平。但如果她在人生每個當口都步步為營，不輕率做任何決定，

下場可能不會這麼悽慘。人的內心總有天使和魔鬼在拔河，那是好的和壞的人性在掙扎，看哪個要出頭。發達了，就忘了自己是誰，這是虛榮，這是驕傲，這是壞的人性，會引領人走向萬劫不復。

智慧小語

　　人生或許悲苦，但那悲苦不全然是命運造成。一個念頭一個決定，我們把自己帶向更好或更壞。

13

> 我沒有弄碎妳的心，是妳自己弄碎的；在弄碎
> 它的時候，妳把我的心也弄碎了。
>
> ——艾蜜莉・勃朗特《咆哮山莊》（英國作家，1818-1848）

《咆哮山莊》的主人公希斯克利夫，是個來自社會底層階級的孤兒，這是他對出身上流社會的青梅竹馬愛人凱瑟琳所說的話，感人至深，亦見執著力道。他的愛情濃烈得近乎狂暴，是「寧為玉碎，不為瓦全」的類型。

在愛情中，尤其在愛情發生初期，理智和盲目幾乎是兩條平行線，永不相交。更不用說，愛情如果發展不順遂，該如何令人失魂落魄，甚至難以心平氣和地面對。

《咆哮山莊》書中的男女主角因身分地位太懸殊而無法終成眷屬，男主角愛得太狂烈無法放手，非報復、弄僵、搞亂愛人的生活不可，最後女主角雖病死，但他自己的靈魂也無法平靜，仍日日夜夜受心魔折磨。偏執的愛、自私的愛，不僅無法讓自己幸福，也可能讓自己的愛人愈離愈遠。

這句話的背後推手，當然是作者艾蜜莉。談到艾蜜莉，你或許知道她們一家三姊妹都是文壇中人，她的姊姊是夏綠蒂・勃朗特，其所創作的《簡愛》家喻戶曉，深受歡迎。英國知名文學評論家及小說家毛姆，曾受美國雜誌邀請，挑選出他心中最好的世

界十大小說，《咆哮山莊》正是其中一部，他認為艾蜜莉把愛情的狂亂糾葛描繪到一種極致，讓人的全副情感都迸發出來，無任何保留餘地，他甚至認為艾蜜莉的才情高過姊姊夏綠蒂。

看了《咆哮山莊》，你會發現，人性中的愛恨偏執竟能揮灑表現得如此自然，如此震撼人心。

智慧小語

愛情經常使人受折磨。我們總希望轟轟烈烈地愛一場，但最後才發現，太多的執著使人心碎流淚，不如退一步放手成全。

14

> 人們以為自己受夠了命運的擺布，以為一切的
> 不幸已達極限，但卻不是這樣。
>
> ——雨果《悲慘世界》(法國作家，1802-1885)

　　說出這句無奈話語的，正是雨果《悲慘世界》的另一「悲慘」
角色芳丁。在十九世紀那個年代，人們以嫌惡和不屑的態度來看
待未婚生子這件事，而不同於這個因生育率過低，只要女性有喜
便是家有喜事的新世紀。芳丁正是這樣一名未婚懷孕，無法與戀
人結合，遭到遺棄的女性。雖然有了孩子是她一生不幸的開始，
但堅強、勇敢、認命的她，仍勇於對孩子負責，不管做苦工或淪
為娼妓，她都願意承受，只要能給孩子最好的。

　　遇到痛苦和煩惱，我們會怨嘆為何命運不順遂；但如果痛苦
和煩惱從未遠離，悲傷無奈之餘，我們可能會開始無語問蒼天。
但是，誠懇殷實積極的人仍占大多數，因此大部分的人總在抱怨
或喟嘆之後，便繼續勇敢面對生活，坦然接受生命中的好事與壞
事。人們這種類似的喟嘆或許可分為兩種情形：一、真正地感到
絕望，在還沒體會老天為何這麼對待自己時，只好走一步算一
步，然後心情反倒輕鬆了起來，心底哼著歌兒想著：反正已經走
到谷底的谷底了，情況不可能再壞了。二、純粹抒發、純屬宣
洩，把不開心的情緒通通拋出來，清一清煩躁的身心，下一刻再

出發，又是一個全新的自己。

　　認命，是好事嗎？雖然答案見仁見智。但可以確定的是，內心有鬱悶，一定要有健康管道發洩出來，身體裡的烏煙瘴氣散了，空出的爽朗身心，正好可讓我們清清爽爽去思索下一步該怎麼走。

智慧小語

　　認命、不違抗命運，不見得是壞事。相反地，這舉動能讓人沉潛後再重新出發也說不定。

15

話說得愈多，惹來誤會愈多。

——富蘭克林《窮人理查的年曆》

（美國政治家、科學家，1706-1790）

這句要人引以為戒的話，也正是中國成語所謂的「禍從口出」。通常，我們會稱很愛說話，表現忘形、不恰當的人為「愛現、急躁、自大」；總之，給人印象似乎挺負面的。畢竟，沉默是金。

雖然，說話是天經地義的本能，也是天賦人權，但是說話就像下雨天撐傘一般，也是要看場合的。如果話說得多，但並不帶刺、具殺傷力，聽來似乎較接近嘮叨、絮聒，就像婆婆媽媽式的「碎碎唸」。不過，想用嘮叨言語來達成訓斥或教育作用，不太可能使人心悅誠服，聽話的人通常想掩起耳朵，更別說把話聽進去了。許多時候，隱藏在媽媽式關愛囉唆背後的，有股證明自己的意圖。想證明自己的存在、懂人情世故，總之不想被家人子女忽視或小看了。

至於那種人與人交流時，硬是喜歡搶話說、高談闊論的人，除了可能個性極為熱情、急躁，最顯而易見的，不是此人十分自卑，喜歡虛張聲勢，讓人注意到他的存在；就是此人極度自大，認為自己的言論思考出眾，因而喜歡掌控局面，壓制或打斷別人

的發言。仔細觀察，你會發現，在利害交關的人際相處上，若有人喜歡藉發言凸顯自己、壓制別人，這樣的人多半人緣不太好，甚至身邊所謂的好朋友，也不見得真心喜愛他，而是為了某種現實上的目的，不得不然。

　　適當地說話，原本該是人與人之間最美好的溝通。願我們的社會，大家都能適當發言，並且少說話多做事。

智慧小語

　　「禍從口出」和「覆水難收」是很類似的。寧願少說話，讓人際之間保留餘地和想像空間。

16

> 凡是戰爭都是神聖的，假如發動戰爭的人不把
> 戰爭說得神聖，哪裡還有這許多傻子來打仗呢？
>
> ——瑪格麗特・米契爾《飄》（美國作家，1900-1949）

　　有些人，冷眼旁觀，經常能以旁觀者清的角度，看清一些結構上的事情或問題。在《飄》（亦翻作《亂世佳人》）這本書裡，那個大發戰爭財的機會主義者白瑞德，就是這樣一號人物。他的頭腦可清楚精明呢，看看他說的這番話，自古至今，所有戰爭的本質說穿了，不就是侵略者的野心在作祟嗎？離正義之師的境界可遠哩！因此，可以說白瑞德是個相當識時務的人，他看透了戰爭的真相，因而能在南北戰爭的時代裡，適應良好。

　　識時務，照理說應該是人的天性或本能，只是程度敏銳與否，可就因人而異了。識時務與生存有關，我們察覺所處環境的氣象，明白自己什麼該說、該做，期盼能立身處世愉快；但別誤會了，那不代表得油嘴滑舌。畢竟，日久見人心，一個人若總是把話說得天花亂墜，處世缺少真誠，那麼他很難永遠讓自己立於不敗之地，更別說能生存愉快了。

　　或許有人會認為，機會主義者給人的感覺似乎有點鑽營、求生存的意味；不過，換個角度想想，我們誰不是努力在現實中求生存呢？只是每個人因為個性、背景、境遇、造化都不同，可發

揮自己理想或能力的工作也不同，因而只要不作奸犯科、違背善良道德，任何人的工作都值得尊重，不是嗎？

　　善於辭令、反應靈敏、樂意提供好服務的人如白瑞德，似乎很適合從商，從事與人打交道的工作呢！

智慧小語

　　有人天生反應快，很能察覺環境變化，適應良好。不能者，至少要誠懇實在，讓人看到你的真心。

17

在我的生活中，他是我思想的中心。如果別的
一切都毀滅了，而他還留下來，我就能繼續活下
去；如果別的一切都留下來，而他卻被消滅了，這
個世界對我而言將變得很陌生，我將不再是這世界
的一部分。

——艾蜜莉‧勃朗特《咆哮山莊》（英國作家，1818-1848）

「敢愛敢恨、瀟灑直率」是這段話給人的第一印象。任誰都
會為這樣的痴情告白感動。《咆哮山莊》女主人公凱瑟琳，性格
猛烈、直率、不受拘束，她和青梅竹馬玩伴希斯克利夫相知甚
深，兩人簡直分享著同樣的個性，只是老天弄人，讓他們相遇，
卻一個是千金，一個是孤兒，在那個注重社會階級意識的年代
裡，兩人要快樂結合，簡直不可能。

這番話，是凱瑟琳決定嫁給另一個家世背景相當的對象時，
所說的沉痛告白。這話還有後半，她天真地希望嫁入好人家，能
幫助希斯克利夫提昇社會地位與經濟實力。姑且不論希斯克利夫
聽到這種話，是否會深感侮辱，彷彿他一定得攀權附貴，才能改
變人生劇本，進入主流社會。也先不論，究竟凱瑟琳希望運作的
這一切，是否為希斯克利夫所期待。

或許是凱瑟琳自己終究逃不開社會眼光，她生長在上流社

會，深知在這既得利益氛圍下生活，是件多麼愉快的事，於是她選擇權貴，捨棄孤兒。愛情降臨，我們不在意「麵包」；愛情歸於平淡，我們睜開雙眼，看看這塊麵包值不值得投入自己一生去啃。很多時候，我們會發現最愛的仍是自己，這絕對是天性，承認自私，拿捏好分寸，沒人會怪你。

不只在愛情裡，人做決定時，許多權衡利害的念頭千迴百轉。如果可以，利己又利他是雙贏，利己不損人也不爲過。倘若決定要利己，卻想讓自己的決定看起來正當性十足，或說些冠冕堂皇的話，只怕很快便會被人看穿心思，受人輕蔑。

智慧小語

愛情和麵包，一個是夢想一個是理想。人生很難圓滿，未到最後一刻，我們不知道究竟選對了沒有。

18

　　我不知道我在世人眼中是何模樣，我倒覺得自
己一直像個在海邊玩耍的男孩，這一刻撿到特別平
滑的鵝卵石，下一刻拾起特別美麗的貝殼，而眼前
這片無垠的真理汪洋，我仍未曾探索呢！

──布魯斯特爵士《牛頓爵士的生平、著作及發現之懷思》

（英國科學家、作家，1781-1868）

　　這是多麼情意真摯、充滿畫面感的一段話啊！牛頓，這個以
重要理論改變人類科學的知名物理學家，竟然說自己在研究領域
中還像個孩子，只是偶然發現了一些什麼，並說眼前還有更多的
未知等待他去發掘……。無疑地，這是真正令人欽佩敬重的偉大
人格：謙和、不自滿，並抱持純真赤子之心，充滿熱情地探索這
世界。

　　據說，人類一直要到十九世紀末才幡然了悟，原來已知的事
情愈多，有待探索的未知就愈多。創造力旺盛的人們，得以繼續
展現源源動力，求進步、求突破、求發現，讓科技愈見昌明，生
活愈令人滿意。

　　「創造力」加上「好奇心」，這是人類很重要的資產。如果我
們只是對沙灘上的石頭貝類感興趣，不放眼汪洋大海，將永遠不
可能認識海平線那頭的世界，或是探索生物齊聚一堂的海底世

界。只是我們探索世界與未知的心志，必須建構在尊重他人與自然的謙卑態度上，這樣才不會總是以自己的角度，蠻橫地解釋這世界。

來到二十一世紀的今日，還是有不少人展現自以為是的自大和驕傲。驕傲，這是人生來即有的七原罪之一，於是有人對知識學問驕傲，彷彿「學海無涯」不怎麼有道理；有人對名利驕傲，似乎「身外之物」才能彰顯個人價值；有人對權力驕傲，好像「人民頭家」只是選舉之後即丟的垃圾。

在這個充滿浮誇、荒謬、羶腥的瘋狂世界裡，我們需要多一點真心誠意，多一點謙卑，度過更有意義的每一天。

智慧小語

像牛頓那樣的科學家，都自認所學所知有限，我們又憑哪一點對知識感到自負？

19

> 她有點沉默。她的隱諱一半是出於自卑，另一
> 半是出於謹慎，而謹慎對人有好處。
>
> ——珍‧奧斯汀《艾瑪姑娘》(英國作家，1775-1817)

中國成語有兩則說得很好：沉默是金、禍從口出，它們像唱雙簧般地契合。《艾瑪姑娘》的作者珍‧奧斯汀觀察人心，十分了得，她能在基調如此輕鬆歡樂的一部小說中，從每個人的言行舉止，深入刻畫人物個性，這番話正是她對簡‧費爾法克斯的角色定位與看法。

沒錯，書裡的這名女子，美麗有氣質，她十分溫婉堅毅，這與其零落的身世有很大的關係。她是那樣的懂事，深深知道在那個階級意識分明的環境裡，謹言慎行、端莊自持、沉默內斂，就是最好的自保方式。

這也是不分時代中外，保護自我尊嚴的好方法。人窮志不窮，不想屈服於現世的主流價值，男不盜女不娼，但內心不免還是感到悲涼，畢竟現實條件就是不如人。於是武裝起冷漠的神情、謹言的姿態，不想讓人接近自己，了解自己內心的悲哀，內心則用孤芳自賞來鼓舞自我的存在。

人心經常矛盾，脆弱而難以堅定。一方面不想跟隨主流價值起舞，覺得自有堅持、不隨流俗沒什麼不好，其他人都是媚俗；

另一方面在心底深處，仍時常會質疑自己所堅持的信念，真的這麼好、這麼獨特嗎？於是我們每一天都在與自己拔河。

但不管如何，我們的生活噪音實在太多，韶音卻缺乏得很。那噪音來自人們肆無忌憚的自滿、自大和自負，而韶音是什麼，它是我們內心最珍貴的自省，對自我最誠實的提問。這個世界，並不介意大家少點謾罵叫囂，何不謹言慎行，沉默自持，想清楚再發聲。沉默的力量，有時更石破天驚。

智慧小語

　　性格裡一點點的自卑，不是缺陷，是幫助我們時刻保持清明內心的天賦。

20

　　她像一彎銀月，安穩驕傲地高踞天空，完全不
識窮人掙扎的苦痛。

　　　　　　——費茲傑羅《大亨小傳》(美國作家，1896-1940)

　　這句話藏著隱喻。在貧富差距極大的社會中，富者恆富，窮
者愈窮，打從一出生什麼都擁有的人，很難生出同理心，對窮人
的貧困感同身受，或甚至體會一二。

　　當然，一個社會貧富不均，可能是國家的政策與走向出了問
題，不見得要由富人來背負責任，而窮人也不能說自己完全沒責
任。只是，人若有一點惻隱之心，看到別人活在社會邊緣，即使
不想盡任何棉薄之力，至少能盡消極道德，不在社會的苦痛上灑
鹽，裝作事不關己地繼續炫耀自己的奢華生活。

　　其實，不管是富人或窮人，人的本質通常是好的，面對別人
的不幸與苦難，即使因生命經驗不同，無法完全感同身受，但至
少會油然升起惻隱之心，除非純真的心靈泯滅淪落了。

　　心靈泯滅，過程是一點一滴的。家庭教育、學校教育的匱乏
與不足，還有外在環境這個大染缸，都在使人漸漸失去原本純
真、良善的心智。說起來，社會的每個環節都在造就或摧毀一個
人。有人成了史懷哲、德蕾莎，有人則作奸犯科、壞事做盡。也
有人什麼都不做，不在乎別人的苦難，只顧自己的奢侈享樂，甚

至為了延續享樂的人生，不僅不腳踏實地打拚，還遊走法律邊緣大车其利。

　　道德有許多層次，或許我們不該鄙夷那些沽名釣譽的行善家，畢竟他們仍舊行了善，助了人。看來真正令人作噁的是自私、毫無同理心的人，他們的眼底、心底都只看得見自己。

智慧小語

　　用感謝的心情來看自己擁有的一切，就能常懷同理心，望見別人的不幸，並給予幫助。

21

人生並不會滿足我們的期望，我們只能隨遇而
安，不致每況愈下，也就感激不盡了。

——瑪格麗特·米契爾《飄》（美國作家，1900-1949）

平安是福，相信這是生而為人很基本的期待。這基本期待，
遠超過金錢財富享受所能為人們帶來的存在感，只是大多數人，
對自己擁有的健全身心，視之為理所當然，也就不特別珍惜。

《飄》一書裡的昔日地主少爺魏希禮，歷經把什麼都奪走的
南北戰爭，他從戰火前線倖存下來，回到破敗的家園，他不再企
求人生該有什麼大企圖、大視野，他只希望自此與所愛的人，平
平淡淡地安身立命，於是有感而發說出了這些話。

雖說人有向上提昇、求進步的欲望和動力，也就是：企圖
心、上進心、野心等等。但人有許多種，有人天生對工作沒有太
大的成就動機，而只求穩定溫飽，好讓他投注更多的時間與精力
在感興趣的私人生活上，像是家庭或喜好等等。也有人因為先天
或後天的身心疾病，深深影響了健康，他自己或家人於是祈求，
如果能讓身體好起來，平安健康過日子就是福，不需在人生路上
拚得太艱辛，以免傷神又傷身。

這社會什麼樣的人都有，因為處世價值不只一種，每個人背
後都有支撐他存在的故事，這些故事說也說不完。或許趨吉避

凶、隨遇而安的生活態度，並不符合這社會的主流價值——「上進、有企圖心」。十分建議，下次遇到價值觀、氣質神態與你不同的人，靜下心來，好好聽對方說話，或許你聽到及感受到的，正是自身生命組成裡缺乏的那個特質，而那正是你在尋尋覓覓的。

智慧小語

　　生活中總是充滿重口味的人事物？有機會接觸氣質平易、隨遇而安的人，或能為生活帶來清泉。

22

　　我慶幸自己不是出生在那樣矯揉造作的家庭，我寧願在孤兒院長大，儘管出身低微，至少簡單誠實。

　　　　　　──琴・韋伯斯特《長腿叔叔》（美國作家，1876-1916）

　　在《長腿叔叔》這個溫馨感人的故事中，孤女茱蒂受到匿名孤兒院理事（長腿叔叔）的資助，得到上大學的機會，而她自己也十分上進。喜歡閱讀、觀察別人的她，漸漸擴展視野與生活經驗，也發現同寢室室友雖然來自富裕家庭，卻只是虛有其表、性格造作的草包。

　　從茱蒂的例子可知，出身窮困的人，成長過程通常較艱辛，知道一切得來不易，較易知足與感恩，而能鍛鍊堅強樸實的性格。當然，這並非絕對，出身富裕的人若心存善念，肯定能推己及人，產生更大影響力。像是長期資助茱蒂的「長腿叔叔」，他為善不欲人知，是個樂於助人、年輕有為的富翁；不過一直要到故事最後，茱蒂才發現他可不是個白髮蒼蒼的老伯。

　　然而，這是個愈來愈浮誇功利的社會，窮人急於成功致富，不擇手段；富人貪心著想富上加富，大肆搬弄關係。換來的是，表面絢爛的事物經常掩蓋本質，讓人看不清事實真相。例如，一幢看似華美的宅邸卻用料不實，一間經重新裝潢的管線破舊老房

子，一件仿冒精品名牌的衣裳與提包，還有一個個把榮華富貴穿在身上的人們。人心和人性仍是最該被拿出來討論的根本。粗製濫造的房子商品，不會憑空而來，全是奸商投機取巧、遊走法律邊緣的手筆。

曾幾何時，簡單誠實的人性，似乎無法成為生存基本必備，只是那些虛假空洞的心靈和手段，又能支撐多久？

智慧小語

出身貧窮或富貴並不重要，重要的是我們能否保有簡單誠懇、自然樸實的天性。

23

> 貧窮往往使人變得心胸狹窄、性格乖僻。
>
> ——珍‧奧斯汀《艾瑪姑娘》（英國作家，1775-1817）

　　相信這句話所指的「貧窮」，是指物質方面，或許說得更白話一些，就是：「貧窮使人小家子氣，視野短淺，給人的觀感自然怪裡怪氣，不太討人喜歡。」

　　當一個人貧窮到一種錙銖必較，必須小心翼翼控制每日花用的地步，不僅無法對自己大方，根本也無法偶爾對人慷慨，因為日子實在過得太窘迫了啊！人人都需要友情與交際，這樣的人可能會給人小氣的印象；小氣，讓人與人之間的交往無法對等，偏偏這又是個特別講究不吃虧、不被占便宜的時代。

　　一個過著左支右絀的物質生活的人，影響所及，不僅是實際生活面、人際關係面，久而久之更可能演變成習慣性的「小氣」，不知不覺性格也被影響，變得凡事首先考慮的就是金錢因素，而無法用寬廣的角度思索、看待事情，心胸器量愈縮愈窄，旁人也愈來愈不喜歡與之往來，久而久之，缺乏人際交流與薰陶，性格不封閉、奇怪也難。

　　節儉不代表小氣，慷慨不代表浪費。我們何其幸運，生存在一個生活便利的時代，各種基本生活需求均很容易滿足。在妥善衡量自身經濟實力，與不浪費金錢、物資的情況下，我們確實有

本錢讓物質生活過得舒適，但凡事莫忘中庸才是正道，不過分節儉與慷慨，或許比較不會演變成小氣與浪費的個性，不會矇蔽了自己的心靈內在。

智慧小語

努力擺脫貧窮，讓生活不再吃緊，滿足基本需求，人生開始變彩色。

24

> 　　她在平時便不自覺地以山峽這樣的大自然為對
> 象，孤獨地練琴，自然而然練就一手鏗鏘有力的撥
> 弦。她那份孤獨，竟遏抑住內心的哀愁，孕育出一
> 股野性的力。

——川端康成《雪國》（日本作家，1899-1972）

　　曾獲諾貝爾文學獎，擅長刻畫人性的作家川端康成，曾在名著《雪國》中成功營造一位名叫駒子的藝妓形象。駒子身世坎坷，曾到東京陪酒，後來跟隨一名師傅學習日本舞，師傅兒子生病後為了幫忙籌錢治病，她成為藝妓。

　　肩上充滿經濟壓力的駒子，並不因此毫無指望地過一日是一日，她對自己充滿期許，練三弦琴、練字、寫日記、讀小說，以求提昇自己。無疑地，在雪國那樣的小村莊裡，在那個求營生尚且不及的年代裡，沒人會去注意一名藝妓擁有什麼內在和心靈，誰都無暇顧及誰。或許正因不被了解，駒子在她的人生道路上顯得非常孤寂。

　　作為一名藝妓，駒子自然是美麗的。但更教人難忘的，與雪國這背景襯搭的，是她那潔淨的心靈。試想，她練習三弦琴時，面對的是山峽大自然，她奮力撥弦，像是唯有大自然能聽懂她的孤獨與哀愁。這是一段深具畫面感的人物刻畫，似乎道盡一個人

過去、現在與未來的孤獨感，但又如此充滿韌性、生命力，讓人不能忽視生命本身的價值與存在感。

不對命運低頭、不自暴自棄，是韌性的展現。這韌性來自對自我的期許，期許自己更努力，下回才能做得更好，然後漸漸改變命運，命運將不再無常或折磨人，反倒開始站在自己這一邊，隨時指點方向，點亮明燈，讓我們愈過愈平順。

如果還不到艱苦難當，得以韌性扭轉命運的地步，那就先從抗壓性和認識自己開始鍛鍊吧！生活到不順遂，別在第一時間退敗下來，稍微撐一下，你會驚訝自己原來潛能無限。

智慧小語

在不被了解的孤獨裡，我們每個人都是巨人。我們有堅毅強韌的內在，陪伴度過每個逆境。

25

> 這世界之所以能不斷進步,是因為人們拒絕安
> 於現狀、停在原地,會把自己限制在老舊框框裡的
> 人,都是些自覺快樂圓滿的人。
>
> ——霍桑《七角樓》(美國作家,1804-1864)

人類是令人又愛又恨的生物。大體而言,人類似乎生來就有
進取心,對生活充滿嘗試,對未知充滿好奇,藉著文字、紙張、
電力、電腦、網路等開創性的發明,讓生活更「進步與文明」。

然而,我們也是可恨可惡的。在這創造的路途上,我們說自
己是萬物之靈,毫不猶豫地犧牲其他生物,滿足私欲,穿戴昂貴
毛皮;破壞自然環境也毫不手軟,拚命開墾;更可怕的是,我們
之中有些人自認比別的民族優越,大舉侵略他國,例如殖民帝國
主義的作為、納粹的血債,甚至時至今日我們仍繼續迫害第三世
界的弱勢人民,在商人的包裝伎倆下,永遠無法想像璀璨鑽石背
後的血淚。

人類是相當矛盾,也很會得寸進尺的族類。我們一方面了解
到所知太有限,而滿懷積極心志,探索這世界更多的未知;另一
方面我們對一路走來的成就志得意滿,像崇拜偶像般膜拜自己,
繼續自私蹂躪這世界,彷彿所有資源都是犒賞與饗宴,盡量享
用。

幸好，人類世界不全是這樣的自私強權、既得利益團體。世界各個角落與土地，都自有一小群人，始終睜著雙眼，銳利地檢驗、監督大部分充滿私欲的人類，他們可能是學術研究單位、民間公益組織或媒體，企圖以一種保護或戒慎的角度，探索這世界。他們探索橫流的人性私欲，對抗揭發，任務是保護自然與弱勢。

我們的世界很美好，是因為人類前仆後繼投入創造幸福的大工程。不過，希望人類別再把幸福建構在大自然與弱勢之人的痛苦上，然後繼續過著眼不見為淨的「美好生活」。

智慧小語

人類的進步叫文明腳步，那隱藏在文明底下的大自然與弱勢血淚，又何以名之呢？

26

> 頭銜，這另一種人為的東西，可說是衣冠的一
> 部分。頭銜和錦衣能掩飾一個人的渺小，將他襯托
> 得偉大出眾，但說穿了，他不過是名平庸之輩。
>
> ——馬克・吐溫《沙皇的獨白》（美國作家，1835-1910）

不管宗教上所謂人類有七原罪（貪婪、懶惰、驕傲、憤怒、
嫉妒、暴食、淫欲）究竟是真是假，宗教要提醒人的，無非要我
們注意人性的黑暗面。其中，追逐聲名、頭銜的行為，更是指涉
了兩項原罪：有了聲名，我們凸顯自己，變得驕傲虛榮；此外，
要貪圖更多私利，沒有什麼比有權有勢更容易運作的了。

雖說人活在這世上，除了滿足生存需求，還需成就動機達成
自我實現的想望。但實現歸實現，完成歸完成，人若因此自滿，
自以為是某一領域的專家，或自認高高在上不可一世，那可就犯
了大頭病，離自己生而為人的本質和本性愈來愈遙遠了。畢竟，
成就動機是為了滿足自我求知、求上進，或為人類謀福祉的欲
望，並非要人藉以換取聲名，變得驕傲虛榮，事情本質因而消
滅。

此外，就另一個角度而言，當人卸下他的專長時，在其他領
域方面，極可能陷入完全不了解的狀況外。所以，就人生而為人
這件事，我們每個人其實都很平凡、平庸，甚至是脆弱的。許多

生物探索頻道都在說，生態界的動物們，個個都是生存和掠奪的好手，人類因進化關係，早已喪失在大自然中求生存的能力，一旦正面對峙，我們根本敵不過野獸猛禽。還有其他人類在本質上是脆弱的證據：遇到天災人禍和疾病時，只能祈求老天爺（即使醫學在許多時候也無能為力）讓我們安然度過難關。

說穿了，我們真的個個是凡人，期待生命不斷追求卓越與突破，但不代表虛名能就此讓人脫胎換骨，立刻提升生命高度至不可一世的雲端。

智慧小語

屏棄頭銜虛名，追求本質，傾聽最澄淨的內在，重拾生而為人的最高價值。

27

> 一個人判斷事情時，如果在最初自信無疑，最
> 後必然猶豫存疑；但如果一開始便抱持懷疑，最終
> 必然能做有把握的判斷與決定。
>
> ——培根《學術的推進》（英國哲學家、政治家，1521-1626）

許多時候，我們總是太過自信、自滿，不思索事情的其他可
能性，總是從自己的立場或直觀的角度，判斷一件事，幸運的
話，最後可能安然過關（別忘了，出奇好運和正確直覺無法永遠
伴隨），但正常狀況通常是：考慮不周全導致失敗或壞了人和。

中國的老智慧總是告誡人們：言多必失，沉默是金。考量一
件事，若未了解完整狀況，多聽取別人意見，便莽撞貿然下決
定，或脫口說出想法、情緒，的確可能導致令人遺憾的後果。我
們不能期待別人總是會寬容自己的心直口快。在我們還是孩子
時，純真無偽的性格，會使人說出或做出不符合大人世界遊戲規
則的話語或行為，而這些舉動通常被視為天真可愛，沒人會認真
和孩子計較的。一旦我們漸漸成長，有了更多人際互動，理應了
解到除了自己，這世上還有許許多多人，每人都各有思想和意
見，言行舉止得更謹慎得宜；自然地，事情便能順利推展。別忘
了，事情的推展，得靠人在背後運作。

當然，深思熟慮、多考慮別人的感受和意見，不代表要成為

一個毫無主見、懦弱怕事的人。我們參考別人的意見，是因為想聽聽事情還有何可能性，是否能從全新或從沒想過的角度看待。我們體貼別人的心情，不貿然說刺耳的話傷人，是禮貌，是以禮相待；更何況人人伸手不打笑臉人，事情便八字有一撇，成事可待。

智慧小語

遇到事情，多多設想可能的人事物與狀況，別自滿過頭，結果將不至於太糟。

28

> 只要使生活變簡單，宇宙運行的法則也會變簡
> 單。孤獨不會是孤獨，貧窮不會是貧窮，缺點也不
> 會是缺點。
>
> ——亨利‧梭羅《湖濱散記》（美國作家及思想家，1817-1862）

這幾句話聽起來好像沒什麼大道理，事實上很多重要的道理
概念都很簡單，但知易行難。梭羅奉行超越主義，主張並倡導該
讓生活回到最純樸自然的狀態，如此才能更親近自己的內心，聽
見內在的聲音。

只要我們放下許多看似重要、實則非必要的心頭執念（尤其
是物質上的欲望），將生活簡化到滿足基本生存需求，去除任何
虛榮念頭，人生會簡單許多。許多事情將因人心純樸，而變得澄
澈、實在，直指事物本質核心，讓人看清真相。等我們真的到了
那境界，內心將無比平靜、自在，內在也較不易受外在影響，將
視孤獨、貧窮，甚至弱點如無物。這些狀態、詞彙，沒有絕對價
值或意義，通常是相對的人性觀點在作祟。

我們害怕孤獨，是因為不具備與自己相處的能力，於是想用
表面的喧囂熱鬧來掩飾孤獨感。然而當內心因外在簡化到一個程
度，自己與自己對話便成為必要，也將會更了解自己、更能自在
面對自己。

我們害怕貧窮，是因為和別人比較起來，我們相對寒酸、不寬裕，鮮少是因為無法吃飽穿暖。貧窮，說穿了是一種感受。而和別人比較，就是虛榮、貪婪的內心在作祟，但這對追求人生的真正價值，其實無用。

我們害怕有弱點，也是因為和別人比起來比較遜色、比較無能。然而每個人的際遇都不同，我們不是實驗室裡控制良好的實驗組與對照組，我們是人，每日都在生存遊戲中求生存，每個人自有應對環境的方式，沒有絕對好壞，只有適不適合。

智慧小語

減少物質欲望，讓生活回歸簡單純樸，你會發現生存變簡單，內心變充實。

29

　　展現美德的唯一報償，就是美好道德的本身；
交朋友的唯一方式，就是使自己先成為別人的朋
友。

　　　　——愛默生《論文集：友情》(美國作家、詩人，1803-1882)

　　中國古代兩位哲人：孟子和荀子，分別主張人性本善與人性
本惡。看來，愛默生恐怕會投孟子一票。他認為一個人若能展現
良好的品德，最終受益的將是自己，這份受益，並非指現實利
益，而是美德將反饋，自己將更形提昇價值感。不可諱言的，平
日裡，我們只要做了無關自己利益的好事，在片刻裡或一整天，
我們會「自我感覺良好」。這正是美好善良的人性光輝。

　　當然，以現代角度來看，我們不見得會去追究人性究竟本善
或本惡，而寧願用人性光輝面或陰暗面去想。正如許多事都有一
體兩面，人性自然也有光輝與陰暗面互相角力的時刻。

　　尤其在這個虛榮價值當道的時代裡，人性的光輝面自然更難
出頭，太多利益牽引，讓陰暗面籠罩心頭，我們開始覺得：憨
厚、沒心眼是傻子，很難在社會生存；空有品德不能讓人穿金戴
銀，識時務、走捷徑才能確保生活歡暢。

　　展現人性，從來都需要經過抉擇。我們在與內心的清明價值
角力的同時，也逐漸在失去最真實的自己。時時刻刻展現美德，

以良心待人處世，或許不見得能使人換取什麼利益，但至少，我們能感受到溫暖的心跳，讓眞實無僞的存在感陪伴自己安然入眠。

此外愛默生還提到，要獲得友誼，必定得先付出眞心，讓自己先成爲別人的朋友，這道理也是一樣。每日，我們活得正直、無愧於心，在太陽底下便沒什麼好遮掩害怕的，自然能直接登門拜訪，敲開一扇友誼的大門。

智慧小語

道德不能秤斤論兩，看起來很無用，事實上它是無價之寶，助人行於世而不偏不倚。

30

> 樂觀是一種信念,能領人走向成就。少了希望
> 和信心,人們將一事無成。
>
> ——海倫・凱勒《樂觀主義》(美國作家、教育家, 1880-1968)

我們常說事情有一體兩面,可樂觀看待或悲觀以對。海倫凱勒看不到這世界,她的眼前一片黑暗,內心卻一片光亮,為什麼?因為她選擇用樂觀看待自己,看待這世界。她的選擇讓生命變光明、變豐富,還成了激勵人心的演說家,為感官功能障礙者做更多事。

眼盲的人尚願意樂觀看待自己,我們一般人,健健康康、好手好腳,究竟還有什麼理由和藉口,不好好地過每一分鐘,而要讓消極和怨嘆的心態占據自己呢?每次看到新聞報導,說了社會上哪個角落出現了可憐、受虐的人或事,我們通常先感到不忍與不捨,接著便開始提醒自己是何等幸福。

所以,我們其實沒有悲觀的權利。或許有的時候,遇到事情進展不順、人際不和諧,會使人沮喪、焦慮、擔心,但事情一定有辦法可解決,不會沒有出口。換個角度思考,別讓想法僵化;請人給點意見,指點方向;散個步或睡個覺,轉移注意力也是種辦法。總之,一時心情不好是人之常情,但可別一直沉溺在負面情緒裡,對自己、對事情是不會有幫助的。事情不會突然出現奇

蹟，總要自助才能天助。

　　雖然樂觀不代表一定能事事順利，但至少是個好的開始，是個肯定自己、振奮精神的好途徑。相信自己，說起話來就會堅定流暢，這正是良好溝通的開始，是讓事情順利推展的重要條件。如果你不善言詞，那也沒關係，相信自己能把事情做好，默默做不多言，你的努力和成果，一定會被看見。

智慧小語

　　樂觀，是振奮自我的心靈啦啦隊，只要你願意，加油聲將永遠跟隨你。

2007年好讀強力主打新書系

人類文明的火苗，源自深邃的未知，
而漂移的痕跡，刻畫著我們獨有的印記。
不一樣的角度，就有不一樣的開始，
像是一間間收藏著神祕珍寶的密室，
怎麼看，怎麼精采！

> 最豐富多樣的圖片蒐集
> 最精緻易讀的版面設計

葡萄酒的故事

完整的把葡萄酒的歷史結集成冊，
所有葡萄酒愛好者必備的一本好書！

休·強森◎著／程芸◎譯
定價449元

愛因斯坦─百年相對論

收錄十一位各領域專家學者的文章，以及200張愛因
斯坦的珍藏照片，從其物理學家之路和個人生活兩
大部分來深入介紹這充滿矛盾性格的科學家。書中
深入討論愛因斯坦在空間與時間、機會與需求、宗教
與哲學、婚姻與政治、戰爭與和平、名聲與運氣、生命
與死亡的觀點。

安德魯·羅賓遜◎主編／林劭貞、周敏◎譯
定價350元

世界遺產機密檔案

本書精選全球最著名的50處世界遺產，搭配300張精
緻圖片以及最深入的古文明介紹。邀請讀者在欣賞
鬼斧神工的遠古建築奇蹟之餘，共同聆聽悠遠而神
祕的古文明之歌。

張翅、王純◎編著　定價339元

國家圖書館出版品預行編目資料

> 一句話敲醒世界—— 120 句讓你恍然大悟的世界名言／劉怡
> 君、簡伊婕著.—— 初版. ——臺中市　：好讀, 2007[民
> 96]
> 面：　公分，——（名言集；015）
>
> ISBN 978-986-178-050-4（平裝）
>
> 1.格言
>
> 192.8　　　　　　　　　　　96006663

好讀出版

名言集 015

一句話敲醒世界—— 120 句讓你恍然大悟的世界名言

作　　者／劉怡君、簡伊婕
總 編 輯／鄧茵茵
文字編輯／陳詩恬
美術編輯／許秋山
行銷企畫／許碧眞

台中市 407 西屯區何厝里 19 鄰大有街 13 號
TEL:04-23157795　FAX:04-23144188
http://howdo.morningstar.com.tw
（如對本書編輯或內容有意見，請來電或上網告訴我們）
法律顧問／甘龍強律師
承製／知己圖書股份有限公司　TEL:04-23581803

總經銷／知己圖書股份有限公司
http://www.morningstar.com.tw
e-mail:service@morningstar.com.tw
郵政劃撥： 15060393 知己圖書股份有限公司
台北公司：台北市 106 羅斯福路二段 95 號 4 樓之 3
TEL:02-23672044　FAX:02-23635741
台中公司：台中市 407 工業區 30 路 1 號
TEL:04-23595820　FAX:04-23597123
（如有破損或裝訂錯誤，請寄回知己圖書台中公司更換）

初版／西元 2007 年 7 月 15 日
定價： 250 元
如有破損或裝訂錯誤，請寄回知己圖書更換

Published by How-Do Publishing Co., Ltd.
2007 Printed in Taiwan
All rights reserved.
ISBN 978-986-178-050-4

讀者回函

只要寄回本回函，就能不定時收到晨星出版集團最新電子報及相關優惠活動訊息，並有機會參加抽獎，獲得贈書。因此有電子信箱的讀者，千萬別吝於寫上你的信箱地址

書名：一句話敲醒世界

姓名：＿＿＿＿＿＿＿＿ 性別：□男 □女 生日：＿＿年＿＿月＿＿日

教育程度：＿＿＿＿＿＿＿＿＿＿＿＿

職業：□學生 □教師 □一般職員 □企業主管

　　　□家庭主婦 □自由業 □醫護 □軍警 □其他＿＿＿＿＿＿＿＿＿

電子郵件信箱（e-mail）：＿＿＿＿＿＿＿＿＿＿ 電話：＿＿＿＿＿＿

聯絡地址：□□□＿＿＿＿＿＿＿＿＿＿＿＿＿＿＿＿＿＿＿＿＿＿

你怎麼發現這本書的？

□書店 □網路書店（哪一個？）＿＿＿＿＿＿＿＿ □朋友推薦 □學校選書

□報章雜誌報導 □其他＿＿＿＿＿＿＿＿＿＿＿＿＿＿＿＿＿

買這本書的原因是：＿＿＿＿＿＿＿＿＿＿＿＿＿＿＿＿＿

□內容題材深得我心 □價格便宜 □封面與內頁設計很優 □其他＿＿＿＿

你對這本書還有其他意見嗎？請通通告訴我們：

＿＿＿＿＿＿＿＿＿＿＿＿＿＿＿＿＿＿＿＿＿＿＿＿＿＿＿＿

你買過幾本好讀的書？（不包括現在這一本）

□沒買過 □ 1～5 本 □ 6～10 本 □ 11～20 本 □太多了

你希望能如何得到更多好讀的出版訊息？

□常寄電子報 □網站常常更新 □常在報章雜誌上看到好讀新書消息

□我有更棒的想法＿＿＿＿＿＿＿＿＿＿＿＿＿＿＿＿＿＿＿＿

最後請推薦五個閱讀同好的姓名與 E-mail，讓他們也能收到好讀的近期書訊：

1.＿＿＿＿＿＿＿＿＿＿＿＿＿＿＿＿＿＿＿＿＿＿＿＿＿＿＿

2.＿＿＿＿＿＿＿＿＿＿＿＿＿＿＿＿＿＿＿＿＿＿＿＿＿＿＿

3.＿＿＿＿＿＿＿＿＿＿＿＿＿＿＿＿＿＿＿＿＿＿＿＿＿＿＿

4.＿＿＿＿＿＿＿＿＿＿＿＿＿＿＿＿＿＿＿＿＿＿＿＿＿＿＿

5.＿＿＿＿＿＿＿＿＿＿＿＿＿＿＿＿＿＿＿＿＿＿＿＿＿＿＿

我們確實接收到你對好讀的心意了，再次感謝你抽空填寫這份回函

請有空時上網或來信與我們交換意見，好讀出版有限公司編輯部同仁感謝你！

好讀的部落格：http://howdo.morningstar.com.tw/

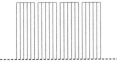
購買好讀出版書籍的方法：

一、先請你上晨星網路書店 http://www.morningstar.com.tw 檢索書目
　　或直接在網上購買

二、以郵政劃撥購書：帳號 15060393 戶名：知己圖書股份有限公司
　　並在通信欄中註明你想買的書名與數量

三、大量訂購者可直接以客服專線洽詢，有專人爲您服務：
　　客服專線：04-23595819 轉 230 傳眞：04-23597123

四、客服信箱：service@morningstar.com.tw